まいごのアザラシをたすけて!

●よごれた海《うみ》とたたかうアザラシ病院《びょういん》の人びと

平澤一郎・文／写真　つだかつみ・絵

アザラシ病院《びょういん》にはヨーロッパじゅうから、大ぜいの子どもたちが見学《けんがく》にやってきます。

（撮影／ジョン・デ・ボーア）

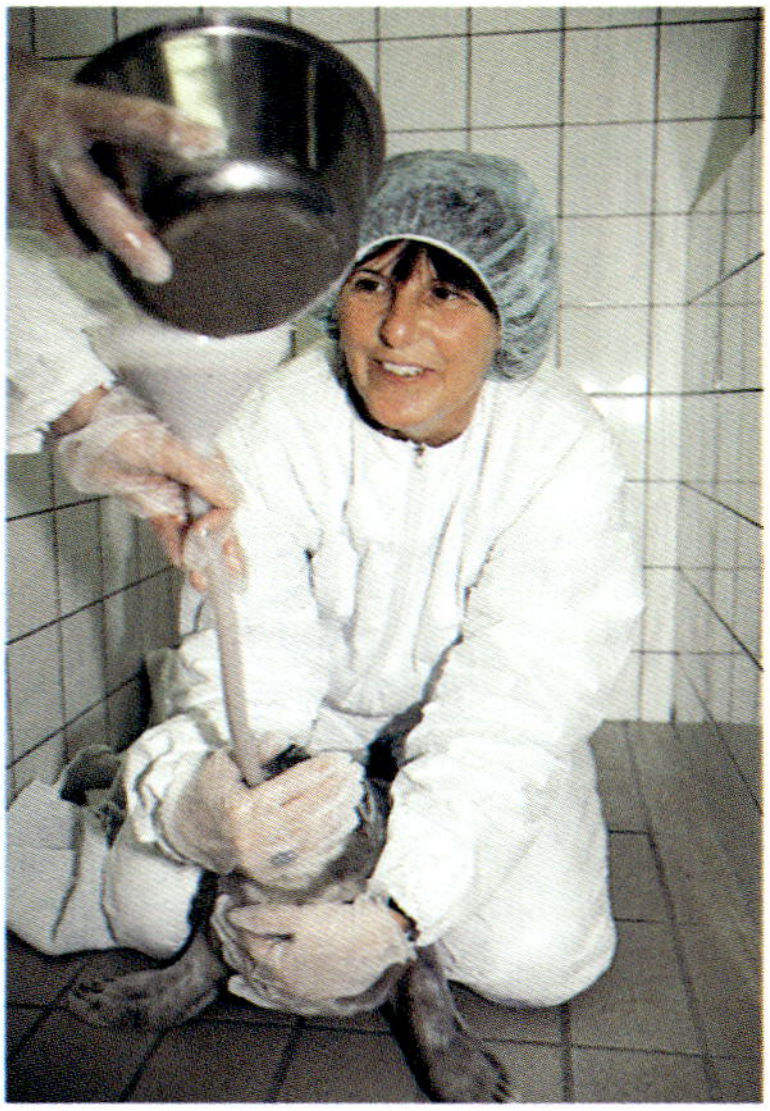

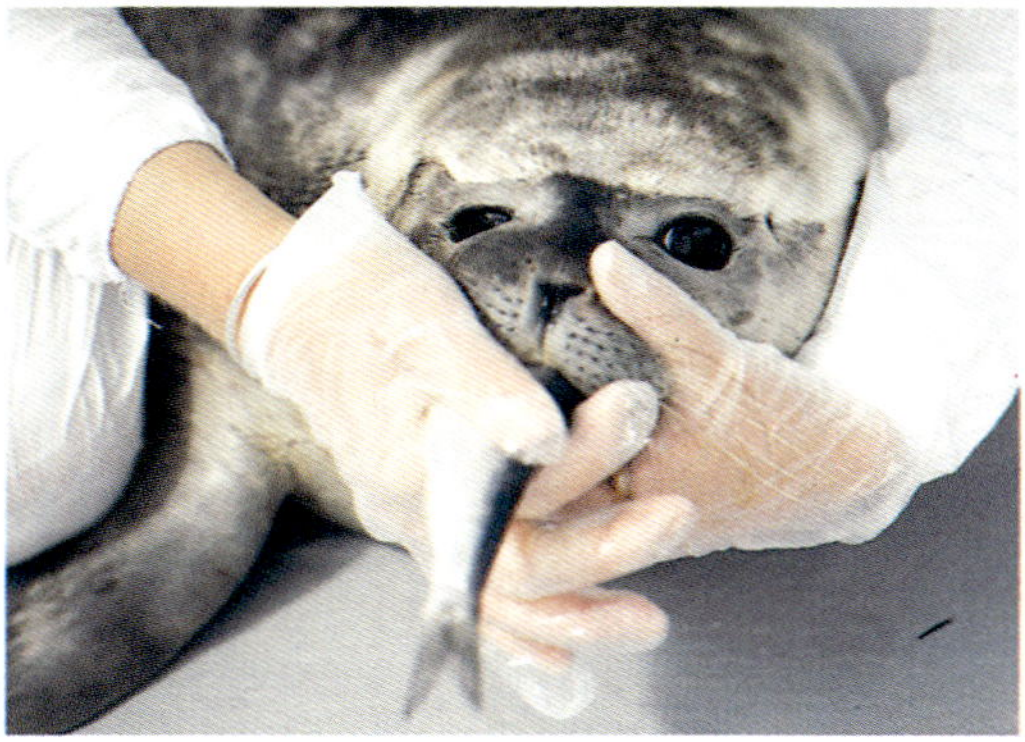

▲ 保護《ほご》したアザラシに、チューブで栄《えい》養《よう》をあたえるアザラシ病院《びょういん》（アザラシ研究リハビリセンター）のレイニー所長《しょちょう》。

▼ よわっているアザラシは、尾《お》を毛布《もうふ》でくるんであたためてやります。

▼ えさをたべようとしないときには、口《くち》をあけてニシンをおしこみます。

▲ じょうずに手をつかって、ニシンをたべるアザラシ。

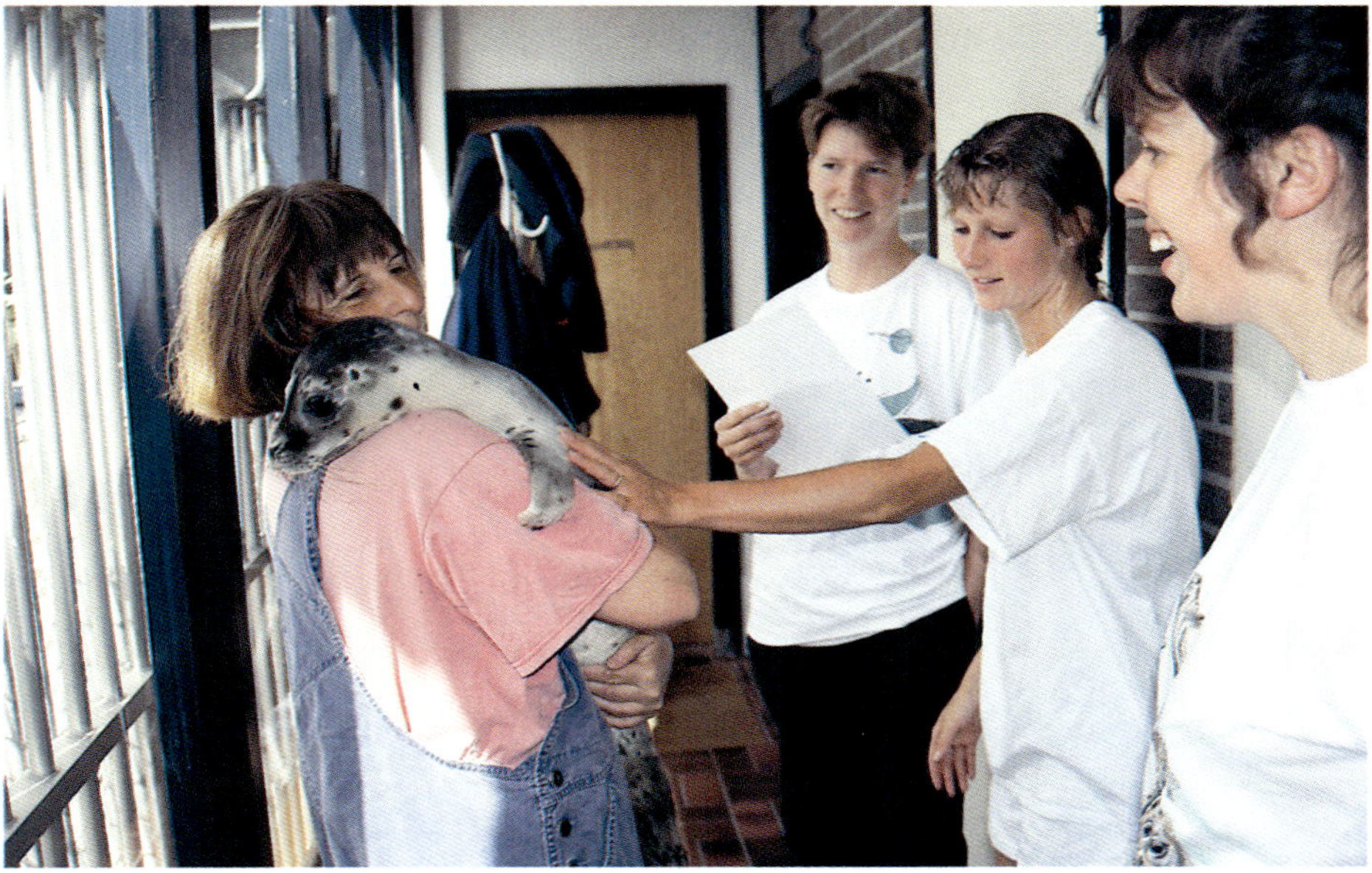

▲アザラシ病院《びょういん》は女性《じょせい》たちの力《ちから》でささえられています。右からレイニー所長《しょちょう》、リース医師《いし》、スタッフのアニタとトレンス。このほかにふたりのスタッフと、たくさんのボランティアがはたらいています。

▼オランダ北部《ほくぶ》のワッデン海《かい》は、エサのニシンが豊富《ほうふ》で、子育《こそだ》てにつごうのいい砂地《すなぢ》が多いため、アザラシの楽園《らくえん》でしたが年《ねん》ねん数《かず》がへってきています。

◀▲ヨーロッパじゅうの子どもたちから
メッセージや絵《え》がよせられてきます。

▼ひろい敷地《しきち》の中《なか》に、病室《びょうしつ》やエサの調理室《ちょうりしつ》、研究室《けんきゅうしつ》、見学室《けんがくしつ》などさまざまな設備《せつび》がととのっています。

まだ産毛《うぶげ》を残《のこ》した生後《せいご》一か月《げつ》ほど ►
の赤《あか》ちゃんアザラシ。

◄ アザラシ病院《びょういん》（ピーターブレーン）に保護《ほご》
されたアザラシたち。世界各地《せかいかくち》から見学者《けんがくしゃ》
がおとずれる。

チューブを使《つか》って、水《みず》とあわせた▶
流動食《りゅうどうしょく》をあたえる。
元気《げんき》になってきたアザラシには手《て》でニシンを食《た》べさせる。

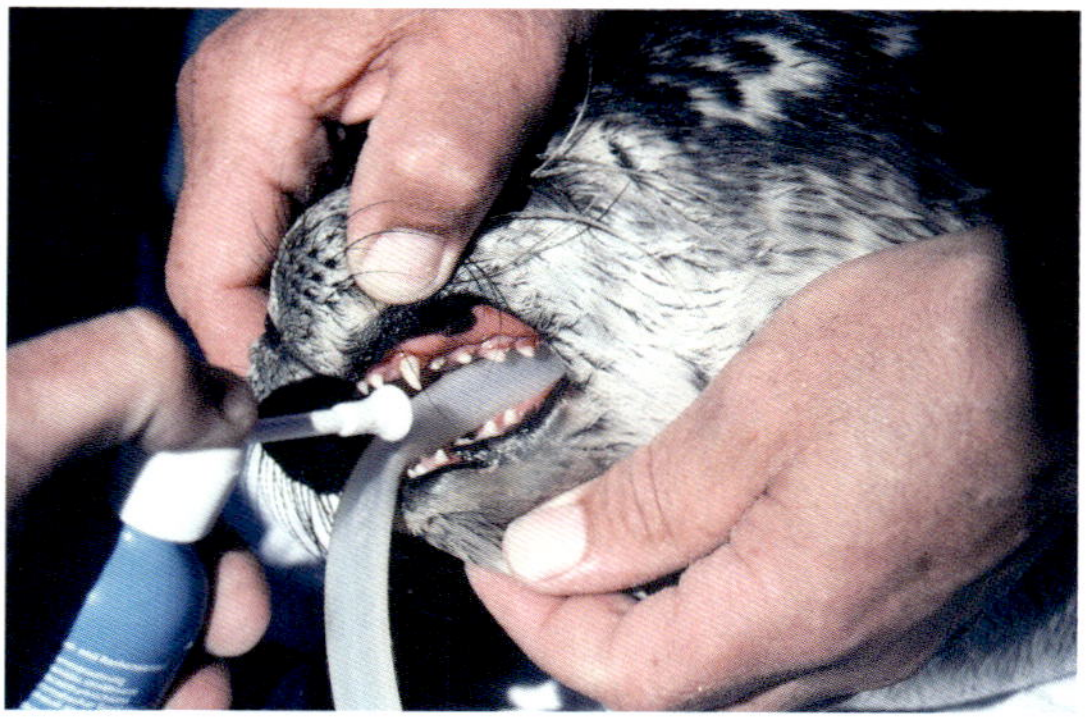

▼ジョン船長《せんちょう》とアザラシ。
タオルでていねいに体《からだ》をふく。

▼毎朝《まいあさ》の見回《みまわ》りではアザラシの
動作《どうさ》を細《こま》かく観察《かんさつ》。

▲母親《ははおや》を失《うし》った赤《あか》ちゃんアザラシがお乳《ちち》をさがしている。

◀アザラシをだく
看護係《かんごがかり》のアニタ。

赤《あか》ちゃんアザラシをだく▶
レイニー所長《しょちょう》。

オランダの北、北海《ほっかい》のほとりにある
アザラシ・リハビリテーション研究《けんきゅう》センターには、
毎日《まいにち》のように、ひろい海で
お母《かあ》さんとはぐれてしまった赤ちゃんアザラシや、
よごれた海の水のために病気《びょうき》になったアザラシが
はこびこまれてきます。
そのアザラシたちを治療《ちりょう》し、げんきにして
海へかえすのが、センターのしごとです。
世界《せかい》一のこのアザラシ病院《びょういん》は、二十年まえ、
レイニーというわかいお母さんが
たったひとりではじめました。

もくじ

北海
ハーグ
ロッテルダム
ベルギー

写真／平澤一郎

本書収録《ほんしょしゅうろく》の文章《ぶんしょう》や名称《めいしょう》（人名《じんめい》、施設名《しせつめい》など）、写真《しゃしん》はいずれも底本《ていほん》（一九九四年）発行当時《はっこうとうじ》のものです。現在《げんざい》とは異《こと》なる記述《きじゅつ》・情報《じょうほう》もありますが、そのまま掲載《けいさい》してあります。

まいごのアザラシをたすけて！

平澤一郎・文 写真

なかよくあそぶアザラシの子たち

1　さあ、海へかえろう

四月もなかばのその朝は、どんよりとしたくもり空でした。晴《は》れた日は、緑《みどり》にうつくしく色をかえるワッデン海《かい》（オランダ北部《ほくぶ》の、西《にし》フリージア諸島《しょとう》にかこまれた海）も、灰色《はいいろ》ががった緑色《みどりいろ》にしずんでいます。

つめたい風がふく海を、オランダ政府《せいふ》の環境保護《かんきょうほご》・監視船《かんしせん》〈ヘルダー号《ごう》〉は、力づよく波《なみ》をけってすすんでいきました。

甲板《かんぱん》の温度計《おんどけい》は摂氏《せっし》五度《ど》。四月だというのに、船《ふね》の上は身《み》を切られるような寒《さむ》さです。乗《の》りこんでいるアザラシセンター（正式《せいしき》には、アザラシ・リハビリテーション研究《けんきゅう》センター）の女性所長《じょせいしょちょう》レイニーと、ヘルダー号《ごう》のジョン船長《せんちょう》は、

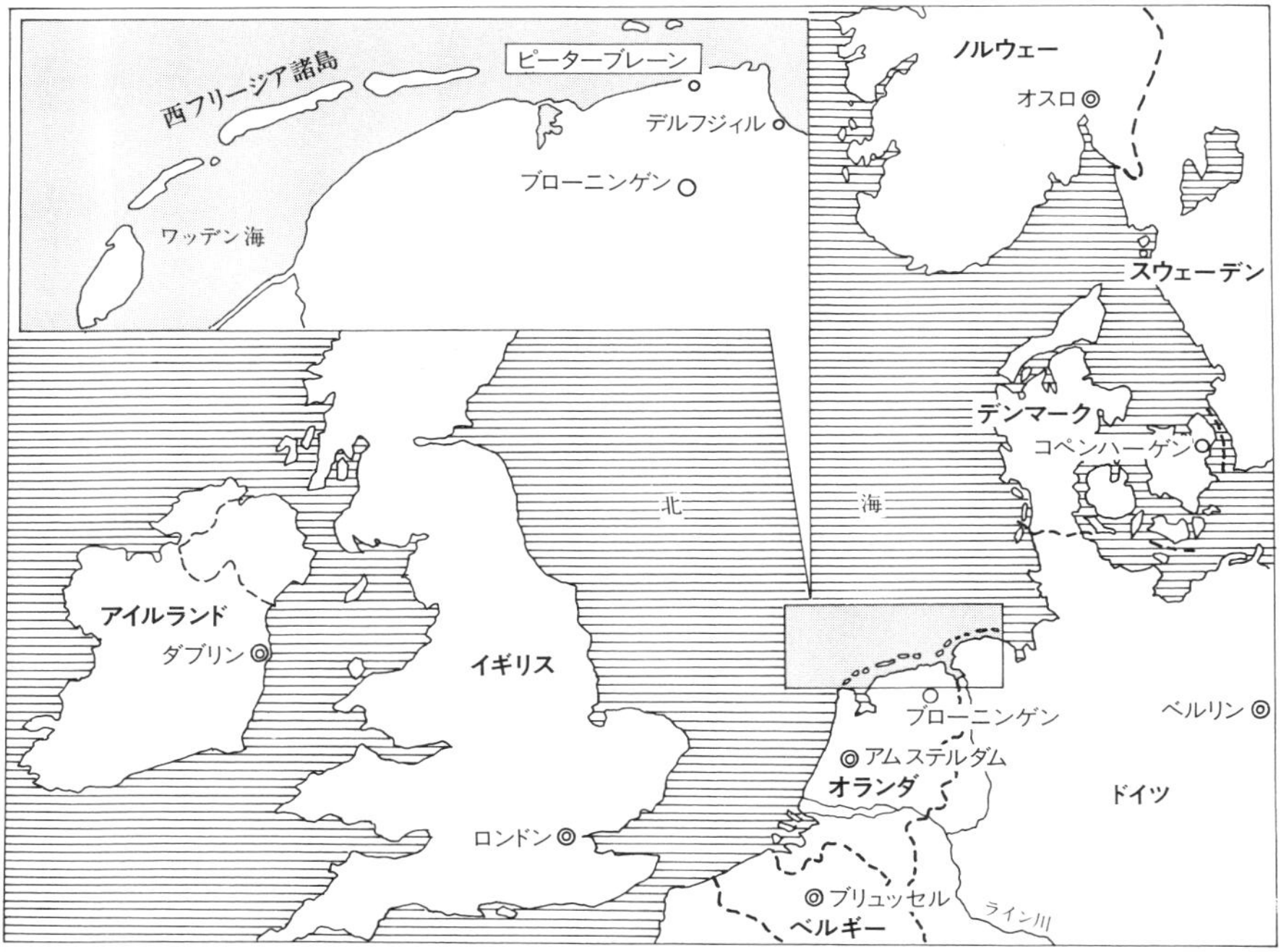

アザラシセンターは、オランダ北部《ほくぶ》のワッデン海《かい》のちかくにあります。

コートのえりをあわせながら、海を見つめていました。

この船《ふね》は、三頭《とう》のアザラシをつんでいます。バート、エリック、ジュニアと名づけられた、生後《せいご》七か月から九か月の子どもです。この三頭《とう》は、昨年《さくねん》の夏、お母《かあ》さんアザラシにはぐれて、おなかをすかせてよわっているところをジョン船長《せんちょう》に救助《きゅうじょ》されて、アザラシセンターで育《そだ》てられ大きくなりました。そして、すっかりげんきになり、仲間《なかま》のいる海にかえる日がやってきたのです。

ヘルダー号《ごう》が、時速《じそく》三十キロほどで一時間《じかん》ほどはしったとき、海からすこし顔をだした砂地《すなじ》が見えてきました。なだらかな砂《すな》の上に、七、八頭《とう》のアザラシがいるのが見えます。ジョン船長《せんちょう》は、アザラシたちをおどろかさないように、船《ふね》の速度《そくど》をおとして、ゆっくりと群《む》れからはなれた海のなかにいかりをおろし、船《ふね》をとめました。

大きなゴムボートがおろされます。レイニーとアザラシセンターのスタッフ四人、それにジョン船長《せんちょう》と助手《じょしゅ》のアンドレーくんがはたらいて、てきぱきとアザラシの子どものはいった三つの木の箱《はこ》がつみこまれました。

ボートがしずかに砂浜《すなはま》につくと、箱《はこ》がつぎつぎにおろされました。砂《すな》の上で木の箱《はこ》のとびらがあけられると、まっさきに、げんきもののバートがはいだしてきました。つぎに、あたりをキョロキョロ見まわしながら、エリックがでてきます。しかし、ジュニアは箱《はこ》からでようとしません。なにかにおびえているのでしょうか。

「さあ、ジュニア、ここがあなたのふるさとでしょ。仲間《なかま》のところへかえるのよ。」

レイニーはよびかけました。ジュニアは目が見えないのです。母親《ははおや》からはぐれてかなりの日数《にっすう》がたってからたすけられたジュニアは、センターにきたとき、もう命《いのち》をとりとめるのはむりではないか、と思うくらいよわっていました。レイニーはなんとかたすけたいと、センターととなりあった自宅《じたく》へジュニアを運《はこ》び、バスルームを消毒《しょうどく》して、ジュニアをいれました。そこで、スタッフと交代《こうたい》で徹夜《てつや》の看護《かんご》をしたのです。

三週間後《しゅうかんご》、ジュニアはようやく命《いのち》をとりとめ、センターにうつされましたが、そのときジュニアの目は白くにごっていました。そして、まもなく見えなくなってしまったのです。

(だいじょうぶよ。ジュニアには、鼻《はな》ヒゲがあるんだから。アザラシのヒゲは優秀《ゆうしゅう》なアンテナよ。目が見えなくたって、そのヒゲがあれば、魚《さかな》をつかまえることができるでしょ。センターのプールで何回《なんかい》も練習《れんしゅう》したから、わかってるわよね。あなたは目は見えないけど、病院《びょういん》じゅうでいちばんの〝お魚《さかな》ハンター〟になったでしょ。さあ、自信《じしん》をもって海にかえるのよ。)

レイニーは心のなかで、そうジュニアをはげましました。

(でも、ここはどこ？　どうしたらいいの。)

というように、ジュニアは、見えないまん丸《まる》な目を不安《ふあん》そうに見はり、なかなか箱《はこ》から外へでません。スタッフが箱《はこ》をつよくたたいて出口《でぐち》にむけてかたむけると、ようやくジュニアは外へあるきだしました。

「ジュニア。」

レイニーの声にひかれて、ジュニアは海のちかくに立っているレイニーのところにきました。心ぼそいのでしょう。レイニーの足もとでくんくんにおいをかぎ、鼻《はな》をおしつけてあまえています。

「さあ、いこうね。仲間《なかま》のいる海で、みんなといっしょにくらすのが、ジュ

まいごのアザラシをリリース(海にかえすこと)するセンターの人びと。

目の見えないジュニアはいつまでもレイニーの足もとをはなれません。

ニアのしあわせなの。ね、こわがらないで。」

耳もとでレイニーがやさしくささやきかけると、すこし安心《あんしん》したのか、ジュニアはレイニーについて、ヨチヨチと海にむかってあるきだしました。

「さあ、こっち。ここがあなたの育《そだ》った海よ。」

レイニーが方向《ほうこう》を教え、おしだすようにすると、ジュニアはやっと海にはいっていきました。

長いあいだ、病院《びょういん》で手当《てあ》てをうけ、体力《たいりょく》をつけて、やっと海にかえるアザラシたち。でも三頭《とう》は、波《なみ》うちぎわから五メートルぐらいのところを、いったりもどったりしながら、人間《にんげん》たちを見ていて、なかなかとおざかろうとはしません。七人は浜《はま》べに立って、じっとアザラシを見つめています。

「さあ、船《ふね》にもどりましょう。」

まもなくレイニーは、きっぱりとした口調《くちょう》でみんなによびかけました。一頭《とう》一頭に名まえをつけて、わが子のように育《そだ》てたアザラシとの別《わか》れ。その悲《かな》しさをふりはらうように。

レイニーのアザラシ・リハビリテーション研究《けんきゅう》センターは、母親《ははおや》とはぐれたり、病気《びょうき》になったり、きずついたりしたアザラシを保護《ほご》して、治療《ちりょう》しげんきにしてやるところです。ここで治療《ちりょう》したアザラシは、海で生きていく力がついたら、仲間《なかま》のいる海にかえします。かわいいアザラシだから、動物園《どうぶつえん》や水族館《すいぞくかん》で飼《か》ったり、みんなのペットにしようという目的《もくてき》で保護《ほご》するのではありません。

野生動物《やせいどうぶつ》は、そのふるさとで自由《じゆう》にくらすのが、いちばんのしあわせだと、センターの人たちは信《しん》じているのです。

人間《にんげん》とくらしたアザラシを野生《やせい》にかえすのは、かんたんなことではありません。長いあいだ人間《にんげん》に育《そだ》てられると、えさをとったり、危険《きけん》から身《み》をまもったりする力がおとろえてしまいます。アザラシの治療《ちりょう》は、半年《はんとし》ぐらいまでにすませないと、野生《やせい》にもどすのはむずかしいといわれています。

ひどくよわっていたジュニアは、病気《びょうき》をなおし、体重《たいじゅう》が五十キロになるのをまっていたので、九か月もたってしまいました。ジュニアは、ぶじに仲間《なかま》たちとくらしていけるでしょうか。つらい苦《くる》しい思いをするのではないでしょうか。

そんな心配《しんぱい》で胸《むね》がいっぱいでしたが、口にだすものはいませんでした。みんなはもくもくと船《ふね》に乗《の》りこみました。

三頭《とう》のアザラシは、まだ船《ふね》のまわりをまわりながら、ときどき頭をもちあげて、船《ふね》のほうを見ています。三十分ほどそんな動作《どうさ》をしていましたが、ひろい海にはいり、だんだん野性《やせい》がよみがえってきたのでしょう。まずエリックが、すこしずつアザラシのむれのほうにちかづいていきました。そのあとに、バートがつづきます。でも、ジュニアだけは、船《ふね》からはなれようとしません。

レイニーとジョンは船《ふね》のへさきに立って、ようすをじっと双眼鏡《そうがんきょう》で見ていましたが、やがて、双眼鏡《そうがんきょう》をおきました。レイニーの目にはなみだがたまっています。

そのなみだを海の風にはらうように、レイニーはスタッフたちのところにもどってきました。

「さあ、アザラシたちの出発《しゅっぱつ》を祝《いわ》って乾杯《かんぱい》しましょう。」

船《ふね》につんであった飲《の》み物《もの》で、きょうのリリースの成功《せいこう》を祝《いわ》って、みんなで乾杯《かんぱい》しました。リリースというのは、保護《ほご》していたアザラシを海にかえすことです。

ジョン船長《せんちょう》も、ジュニアをふり切るように、船《ふね》のいかりをあげて、かじをデルフジィル港《こう》へとむけました。そして、まだ見えてはかくれるジュニアに、手をふりながら、一行《いっこう》は去《さ》っていきました。

2　風車《ふうしゃ》の村《むら》のアザラシセンター

デルフジィル港《こう》に船《ふね》がつくと、レイニー一行《いっこう》はジョン船長《せんちょう》に別《わか》れをつけて、そこから車で四十分ほどの、ピーターブレーンにあるアザラシセンターへむかいました。

海べには、工場地帯《こうじょうちたい》がひろがっています。大きな発電所《はつでんしょ》も見えてきました。ここ三十年ほどのあいだに、どんどんあたらしい工場《こうじょう》がたってきたのです。

レイニーはそのけしきを見ながら、

「工場《こうじょう》の人も、センターを見学《けんがく》にきてくれないかしら。よごれた海のために病気《びょうき》になったアザラシを見れば、工場《こうじょう》の排水《はいすい》もきちんと管理《かんり》してくれるかも

しれない。」

と思いついて、手帳《てちょう》に、〝工場関係《こうじょうかんけい》の人を見学《けんがく》に招待《しょうたい》する〟と書きこみました。センターの運営《うんえい》、寄付《きふ》のための活動《かつどう》と、いつもレイニーはいそがしく、手帳《てちょう》には予定《よてい》がいっぱいです。

乗《の》っていく車は、愛《あい》らしいアザラシの絵が大きくえがかれたバンです。

「あっ、アザラシが乗《の》っているのかな。」

バンがとおると、子どもたちが手をふってくれます。

センターがあるピーターブレーンは、オランダの北にある農業《のうぎょう》と漁業《ぎょぎょう》の州《しゅう》、ブローニンゲン州《しゅう》の、海から十キロほどはいった農業地帯《のうぎょうちたい》です。

センターの車は、運河《うんが》や、はりめぐらされた水路《すいろ》のあいだにひろがる牧草地《ぼくそうち》をはしります。ときおり、むかしの干拓《かんたく》につかわれたふるい風車《ふうしゃ》が見えます。

『世界《せかい》は神《かみ》がつくったけれど、オランダはオランダ人がつくった。』

と、ふるくからいわれているように、オランダは浅《あさ》い海の水を風車《ふうしゃ》でくみだし、土地《とち》をかわかし、そこに農地《のうち》や牧場《ぼくじょう》をつくるという、たいへんな干拓作《かんたくさ》業《ぎょう》から生まれました。

センターにつくと、女性《じょせい》の獣医《じゅうい》（動物専門《どうぶつせんもん》の医者《いしゃ》）のリースがむかえてくれました。

「ジュニアは海にはいったの？」

レイニーがうなずくと、リースは（だいじょうぶ？）というように、やさしい目でわらいかけます。レイニーもリースのうでをとって、ちょっとさびしそうにほほえみかえします。

それだけで、ふたりにはじゅうぶんでした。赤ちゃんアザラシを海にかえすときは、いつも別《わか》れの悲《かな》しさと心配《しんぱい》で、胸《むね》がいっぱいになるのを、リースは知っています。でも、いつまでもペットのように飼《か》っていることは、アザラシの保護《ほご》にはなりません。たすけあげ育《そだ》てて、わかれること、それがセンターのしごとで、ふたりの生きがいだったのです。

このアザラシセンターができたのは、一九七九年のことです。ワッデン海《かい》のほとりの村で、レイニーがひらいていた小さな動物病院《どうぶつびょういん》が、このセンターに生まれかわったのです。それは、ワッデン海《かい》の水が年ねんよごれ、病気《びょうき》のアザラシがふえてきたためでした。

ヨーロッパの中心《ちゅうしん》をながれる大きなライン川の流《なが》れがあつまって北海《ほっかい》にそそぐところが、このオランダです。ヨーロッパじゅうの工場《こうじょう》や家庭《かてい》からでる排水《はいすい》、そして海のちかくにたてられた工場《こうじょう》からでる排水《はいすい》で、海はよごれていきました。畑《はたけ》にまかれた農薬《のうやく》も、やがて雨にとけて川にながれこみ、海にそそぎます。世界《せかい》じゅうどこの海でも陸《りく》にちかいところは汚染《おせん》がすすんでいますが、ヨーロッパ大陸《たいりく》とイギリスにかこまれ、沿岸《えんがん》におおくの国と人が密集《みっしゅう》している北海《ほっかい》は、とくによごれがひどくなっているのです。

ワッデン海《かい》は、オランダの北にひろがる千六百平方《へいほう》キロほどの浅《あさ》い海で、北海《ほっかい》とつながっています。太古《たいこ》のむかしは陸地《りくち》だったところで、北がわには、大小十二の細長《ほそなが》い西《にし》フリージア諸島《しょとう》がつらなっています。

しずかな浅《あさ》い海には、むかしからアザラシがたくさんいました。えさにするニシンなどの魚《さかな》が豊富《ほうふ》で、ところどころにある砂地《すなじ》は、アザラシが子どもをうんだり育《そだ》てたりするのに快適《かいてき》だったからです。

風車《ふうしゃ》と運河《うんが》が美《うつく》しい町《まち》。オランダのいたるところに、こうした町や村《むら》があります。

ところが、一九五〇年に三五〇〇〇頭《とう》もいたアザラシは、九年後の一九五九年にはわずか一二〇〇頭《とう》にへってしまいました。人間《にんげん》が魚《さかな》を大量《たいりょう》にとるようになって、アザラシのえさになる魚《さかな》がへってしまったからです。また、アザラシが漁《りょう》の網《あみ》をやぶるということで、漁師《りょうし》たちにころされたり、毛皮《けがわ》をとるためにどんどんつかまえられてしまったのです。

レイニーはいいます。

「自然保護運動《しぜんほごうんどう》がさかんになって、アザラシをとるのが禁止《きんし》されたのが一九六二年でした。でも、そのときにはもう海はよごれてしまって、病気《びょうき》のアザラシがふえてきました。それに、お母《かあ》さんのからだもよわくなったのでしょう。未熟児《みじゅくじ》で生まれるアザラシもふえてきました。このままでは、ワッデン海《かい》のアザラシは絶滅《ぜつめつ》してしまうかもしれません。ですから、だれかが、できるだけのことをして、アザラシをまもっていかなくてはならないんです。

このセンターでは、お母《かあ》さんとはぐれた赤ちゃんアザラシを保護《ほご》して、育《そだ》てるだけじゃなく、病気《びょうき》やけがでよわっているアザラシを見つけて、入院《にゅういん》させて治療《ちりょう》したりするのもしごと。ときには、見たこともない病気《びょうき》のアザラシがつれてこられることもあります。その原因《げんいん》を研究《けんきゅう》したり、治療《ちりょう》を記録《きろく》して、世界《せかい》じゅうに報告《ほうこく》したりと、いろいろな活動《かつどう》もあるんですよ。」

センターが保護《ほご》して海にかえしたアザラシの数《かず》は、これまでで三〇〇頭《とう》ほどです。海にかえすときは、尾《お》に番号《ばんごう》を書いたプラスチックの小さな札《ふだ》をつけます。だから、もし海にかえしたアザラシが海岸《かいがん》にうちあげられていたりすると、どのアザラシかすぐわかります。

いままで、そんなアザラシが見つかったのは四頭《とう》です。どれも病気《びょうき》の回復《かいふく》がおそくて、一年ぐらいの長いあいだセンターにいたアザラシでした。海にかえっても野性《やせい》の力をとりもどせなくて、えさをうまくとれなかったのでしょう。四頭《とう》ともやせおとろえていました。

そんな観察《かんさつ》の結果《けっか》から、できるだけはやくセンターから海にかえさなくては、とみんなで努力《どりょく》をするようになりました。げんきになったら、一刻《いっこく》もはやく海にかえさなくてはいけないのです。

センターにはいつも、十五、六人ほどのスタッフがはたらいています。専《せん》属《ぞく》のスタッフ六人のほかに、世界《せかい》じゅうの国からやってきたボランティアの人、動物《どうぶつ》の研究所《けんきゅうじょ》から派遣《はけん》されてきた研究者《けんきゅうしゃ》など、さまざまな国の人たちが協力《きょうりょく》して、きずついたり病気《びょうき》になったアザラシの看護《かんご》にあたっています。

その日の午後《ごご》には、スタッフたちの会議《かいぎ》がありました。

「今月《こんげつ》は見学者《けんがくしゃ》がおおいですね。見学者を案内《あんない》していると、スタッフがたりなくなる。どうしましょう。」

ひとりが、いいました。

「じゃ、この時間割《じかんわり》をかえたら。」

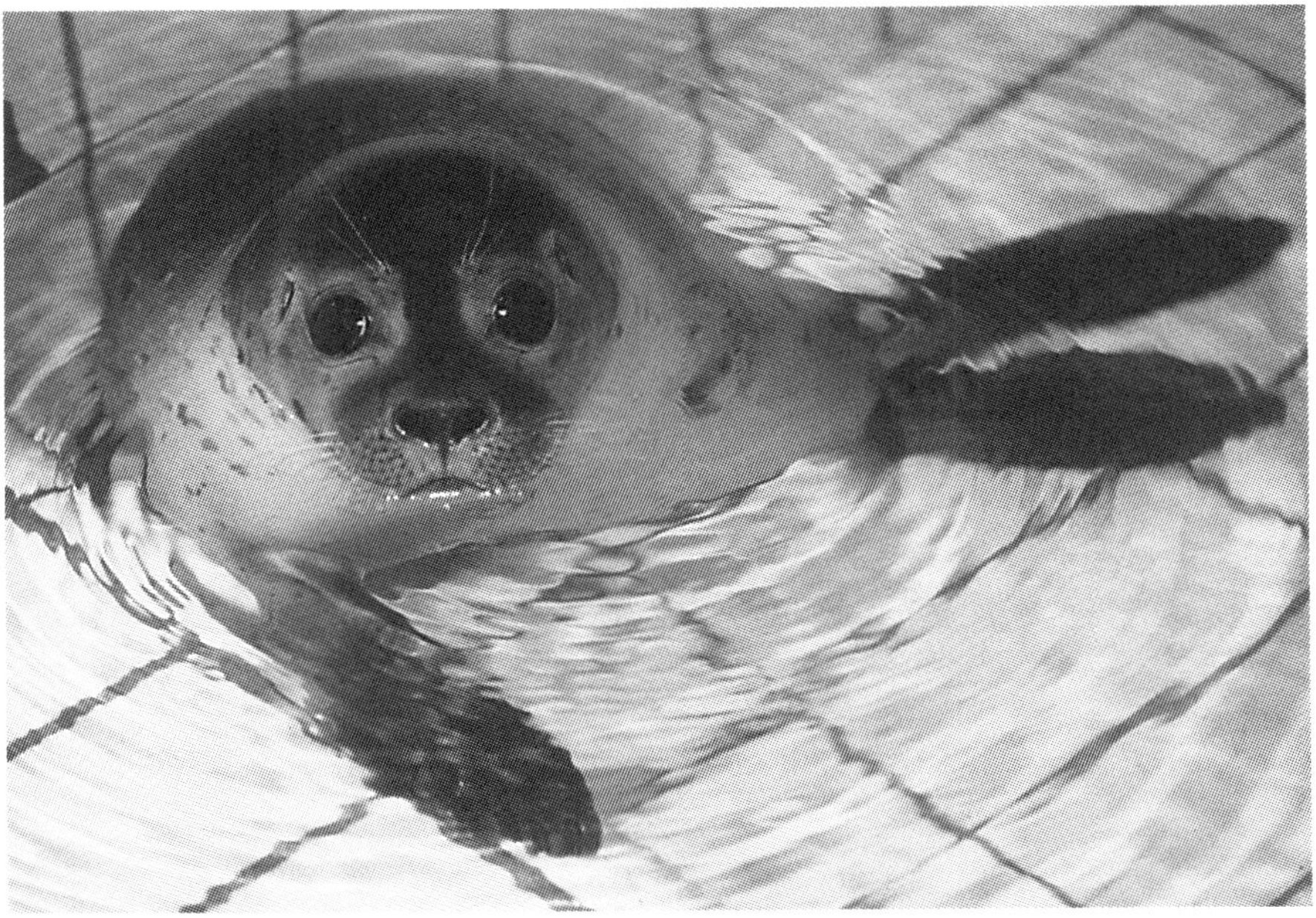

好奇心《こうきしん》いっぱいのひとみでスタッフを見つめるアザラシの子ども。

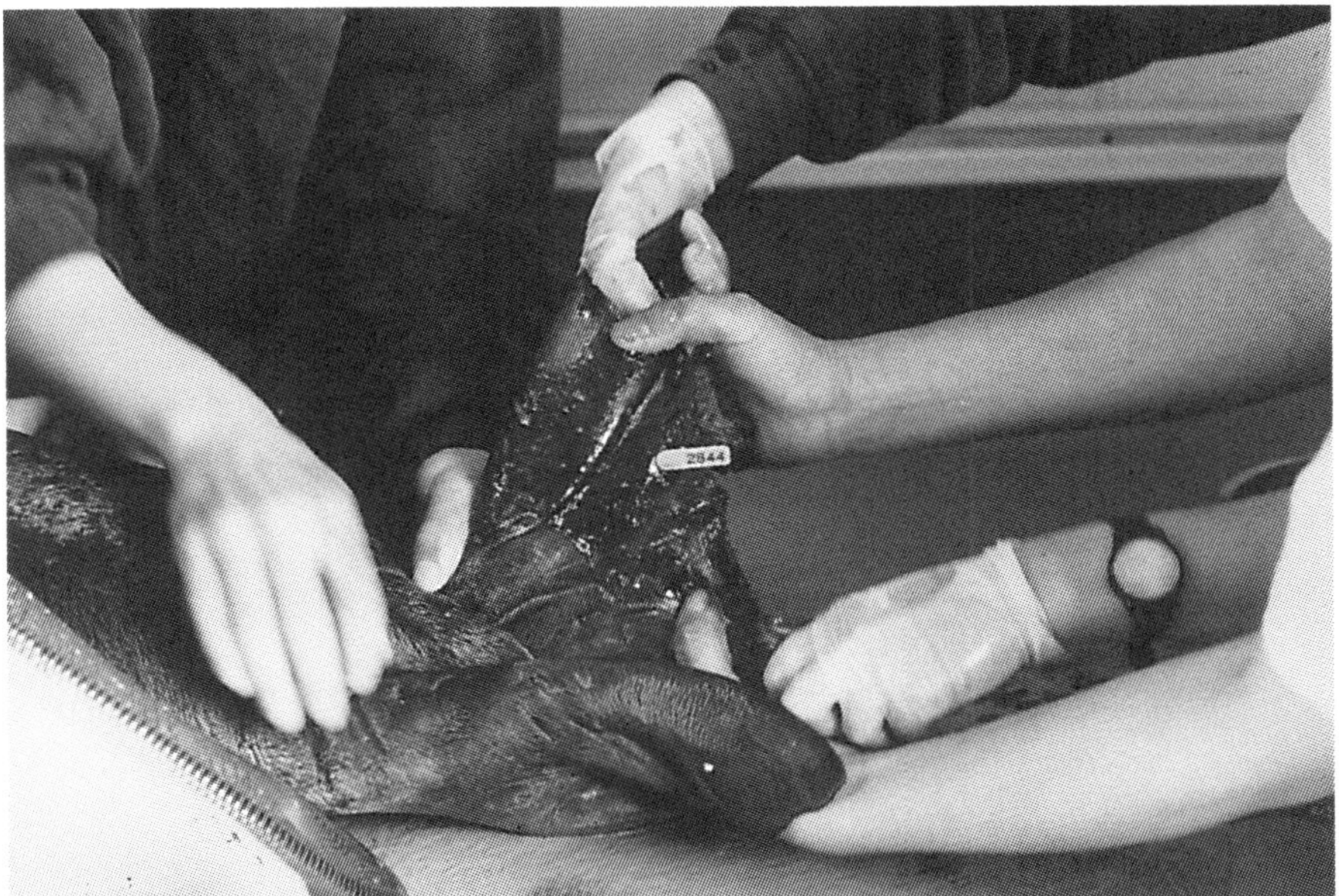

海にかえすアザラシには、尾《お》にプラスチックの番号札《ばんごうふだ》をつけます。

「いや、それはむりだよ。」

そんな会議《かいぎ》をだまってきいていたレイニーが、いいます。

「このセンターを見学《けんがく》してもらうことは、センターのたいせつなしごとです。よごれた海のために病気《びょうき》になったアザラシを自分《じぶん》の目で見たら、人はゴミをすてるときにも、そのすてかたが公害《こうがい》にならないかと注意《ちゅうい》をするものなんです。それが、動物《どうぶつ》と人間《にんげん》がおたがいに尊重《そんちょう》してくらしていける環境《かんきょう》をつくることにつながります。アザラシをまもるために必要《ひつよう》なことはなにか、わたしたちの目的《もくてき》をよく考えてみてください。」

きぜんとしたことばに、スタッフたちはさとります。スタッフのしごとの時間割《じかんわり》にあわせて見学《けんがく》を組《く》みこむのではなく、見学というたいせつな目的《もくてき》のために時間割《じかんわり》をつくりなおす作業《さぎょう》が、すぐはじめられました。

「見学者《けんがくしゃ》や取材《しゅざい》にくるマスコミの人には、しんせつにしてください。このセンターのことを、ひとりでもおおくの人に知ってもらわなくてはなりません。

このセンターが寄付《きふ》や、政府《せいふ》の補助金《ほじょきん》で運営《うんえい》されていることを、わすれてはいけません。わたしたちは、自然《しぜん》をまもろうという気もちのある人の代表《だいひょう》なのです。ですからセンターの活動《かつどう》は、どの人にも見てもらいたいのです。」

会議《かいぎ》はきびしく、そしてキビキビとすすみます。みんなの心にセンターの目的《もくてき》をしっかりと植《う》えつける役目《やくめ》を、いつもレイニーがはたしています。

レイニーは動物《どうぶつ》を愛《あい》する情熱《じょうねつ》と、それを行動《こうどう》であらわす力をもった、たのもしいリーダーです。すばやい判断《はんだん》で、そのとき必要《ひつよう》と思ったことに、全力《ぜんりょく》をつくします。十五分とおなじところにいないというのが、レイニーのセンターのなかのすがたです。

けっしてぐちをいわず、いつもあかるくキビキビと動くレイニー。ボランティアにきてすぐで、まだなれない人には、すっとそばにきて、やさしいことばをかけてはげまします。小柄《こがら》なレイニーですが、センターのなかではふしぎに大きく見えます。

3　アザラシセンターの一日

センターには、いろいろな人が、アザラシのことを知らせてくれます。

「堤防《ていぼう》のところで動けなくなっているアザラシがいるの。すごく大きいから、たぶんグレーアザラシだよ。すぐたすけにきて。」

という少年《しょうねん》からの電話《でんわ》。

「わしの船《ふね》の網《あみ》にアザラシがはいって、にげようとあばれたらしく、きずだらけなんだ。どうしたらいいかね。」

という漁船《ぎょせん》の船長《せんちょう》からの電話《でんわ》。

そんな連絡《れんらく》がはいると、スタッフが夜中《よなか》でもすぐにとんでいき、アザラシ

に応急手当《おうきゅうてあ》てをして、センターに運《はこ》んできます。

船《ふね》をだされなければならないときは、ジョン船長《せんちょう》のおうえんをたのみます。環境保護《かんきょうほご》・監視船《かんしせん》の船長《せんちょう》のジョンは、センターの職員《しょくいん》ではありませんが、だれにもまけないほど、アザラシの保護《ほご》に熱心《ねっしん》です。センターからの連絡《れんらく》をまっているだけでなく、アザラシの子育《こそだ》ての時期《じき》には、毎日船《まいにちふね》で、うけもちの海域《かいいき》を見まわって、まいごのアザラシを保護《ほご》してきます。

船《ふね》で海へでると、船長《せんちょう》は、砂地《すなじ》を双眼鏡《そうがんきょう》で観察《かんさつ》します。病気《びょうき》やけがで動きがにぶくなっているアザラシや、ひとりぽっちでいる小さな赤ちゃんを見つけると、船《ふね》をよせ、すばやく網《あみ》や素手《すで》ですくいあげ、センターにつれてくるのです。砂《すな》つぶのようにしか見えない、とおくのアザラシの異常《いじょう》を見わけるジョン船長《せんちょう》のカンはすばらしいものです。

オランダにいるアザラシの八十パーセントは、コモンアザラシ(日本近海《きんかい》にすむゼニガタアザラシのなかま)という種類《しゅるい》です。水にぬれると黒く、かわくと茶褐色《ちゃかっしょく》のからだをしており、おすは約《やく》百二十キログラム、めすは約《やく》九十キログラムの体重《たいじゅう》があります。あとの二十パーセントはグレーアザラシで、コモンアザラシの三倍《ばい》ほどの大きいからだをしています。

アザラシは人間《にんげん》とおなじ哺乳類《ほにゅうるい》ですから、肺《はい》で呼吸《こきゅう》し、赤《あか》ちゃんをうみ、お乳《ちち》で育《そだ》てます。

コモンアザラシは毎年《まいねん》、六月ごろに砂地《すなじ》にあがって子どもをうみます。赤ちゃんは七、八キログラムで生まれ、母親《ははおや》のこいお乳《ちち》を飲《の》んで、どんどん大きくなります。一日に四百グラムも体重《たいじゅう》がふえていき、子育《こそだ》てはわずか四週《しゅう》間《かん》ですが、そのあいだに子どもの体重《たいじゅう》は、生まれたときの四、五倍《ばい》の二十五キロから三十キロにもになります。こんなにはやく大きくなるのは、子育《こそだ》てが陸地《りくち》でおこなわれるので、外敵《がいてき》から子どもをまもるためだといわれています。

そのお乳《ちち》はとてもこい栄養《えいよう》をもっていて、そのために母親《ははおや》は子育《こそだ》てがおわると、からだがほんとうに小さく見えるぐらいやせほそってしまいます。

いっぽう、子どものアザラシは、母親《ははおや》の半分《はんぶん》ぐらいの大きさに見えるほどまるまるとふとって、海に巣《す》だっていくのです。

そういうからだのしくみになっていますから、あらしのときや、母親《ははおや》がえさをとっているあいだに母親《ははおや》とはぐれてしまった赤ちゃんは、たちまち栄養《えいよう》不足《ぶそく》になって、命《いのち》の危険《きけん》にさらされます。子育《こそだ》ての時期《じき》に、毎日《まいにち》ジョン船長《せんちょう》が見まわるのも、一刻《いっこく》でもはやく救助《きゅうじょ》しないと、赤ちゃんの命《いのち》があぶないからです。たすけあげたアザラシを、船長《せんちょう》はすべらないようにバスタオルにつつんで、センターへつれてきます。

「イチロー、ついたよ。おとなしくするんだよ。ここがきみの病院《びょういん》だ。」

アザラシをだいた船長《せんちょう》を、センターのげんかんで、看護《かんご》がかりのアニタがでむかえました。

「まあ、イチローというの。」

アニタは、赤ちゃんをだきとって、のぞきこみます。
「かわいそうに。やせて、お目めがこんなに大きくなっちゃったのね。」
「きょうの保護《ほご》には、日本人のカメラマンがいっしょに乗《の》りこんでいたんで
ね。かれの名をもらって、イチローにしたんだ。」
「なるほど、東洋《とうよう》の名まえね。いいじゃない。ではイチロー、リース先生の
ところにいって、みてもらいましょうね。」
アニタは、おびえてあばれるイチローをなだめながら、ジョン船長《せんちょう》に手を
ふって別《わか》れをつげ、センターのおくにきえました。
リース医師《いし》の診察《しんさつ》をうけ、治療《ちりょう》をうけたイチローは、ちょうどいい温度《おんど》に
暖房《だんぼう》がきいた個室《こしつ》にいれられました。そしてその晩《ばん》は、毛布《もうふ》につつまれてぐっ
すりねむりました。
センターには、こうして保護《ほご》されたアザラシが、いつも二十五頭《とう》から三十
頭入院《とうにゅういん》しています。

センターの一日は、朝の七時の見まわりからはじまります。アニタは七時になると、消毒《しょうどく》した白ずくめの作業着《さぎょうぎ》にきがえます。きょうは、ボランティアとしてはじめてしごとをするスーザンがいっしょです。ほかのボランティアの若者《わかもの》もあつまってきました。いっしょに入院《にゅういん》しているアザラシの見まわりにでます。

「きのうきたイチローは、なれるまでやさしくしてね。せわをするときも、おだやかな声で語《かた》りかけながらしずかにね。かれらには、人間《にんげん》がたすけてくれたなんてわからないの。とつぜんつかまえにきたつよい動物《どうぶつ》だと思って、おびえているのよ。」

アニタはていねいに説明《せつめい》します。

入院《にゅういん》している赤ちゃんアザラシは、黒くぬれた目が大きく、みんなとてもかわいい顔をしています。お母《かあ》さんとはなれたので、不安《ふあん》でたよりないのでしょう。なれてくると、あまえた表情《ひょうじょう》やしぐさをします。

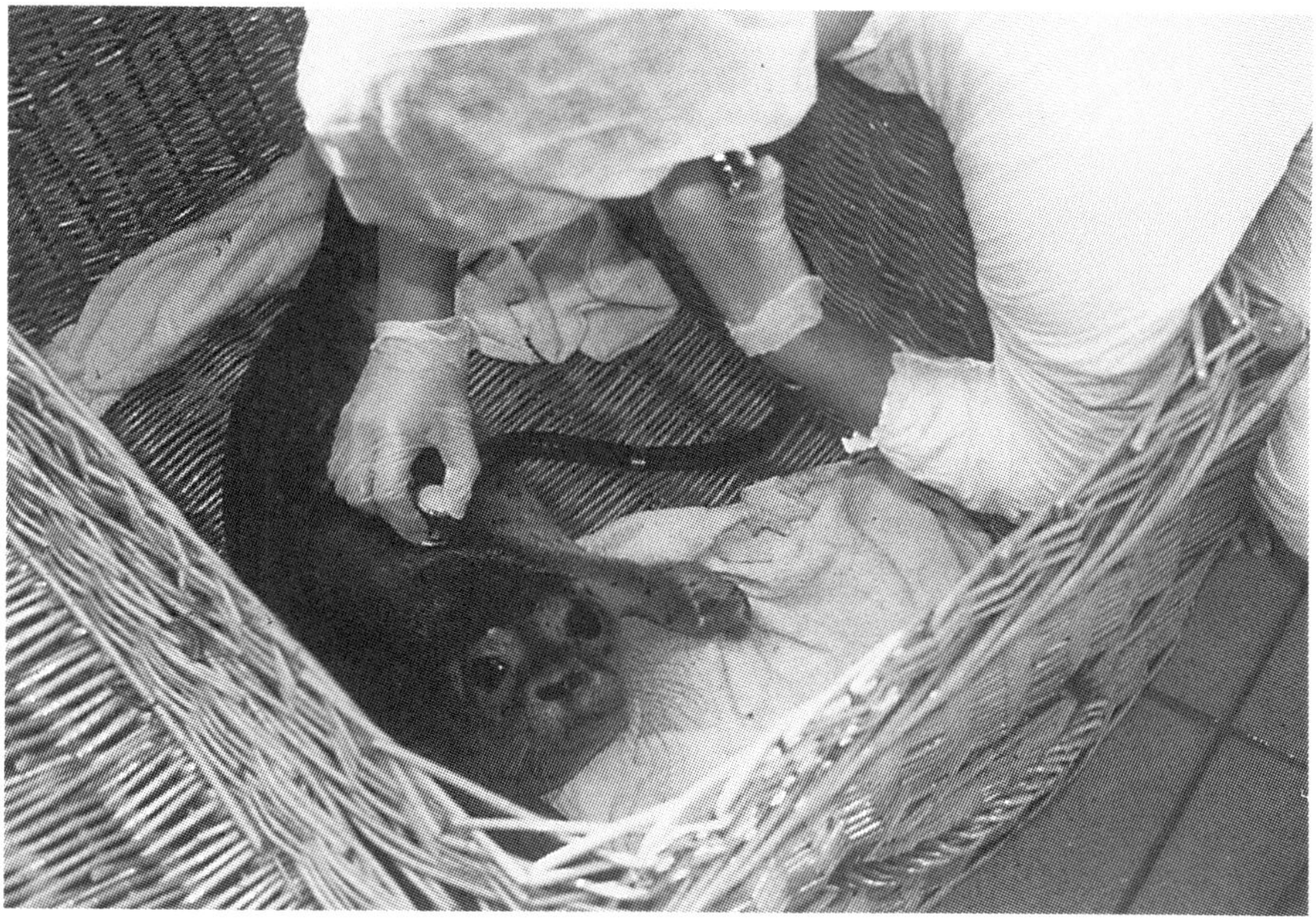

保護《ほご》されてきたアザラシは、まずリース医師《いし》がていねいに診察《しんさつ》します。

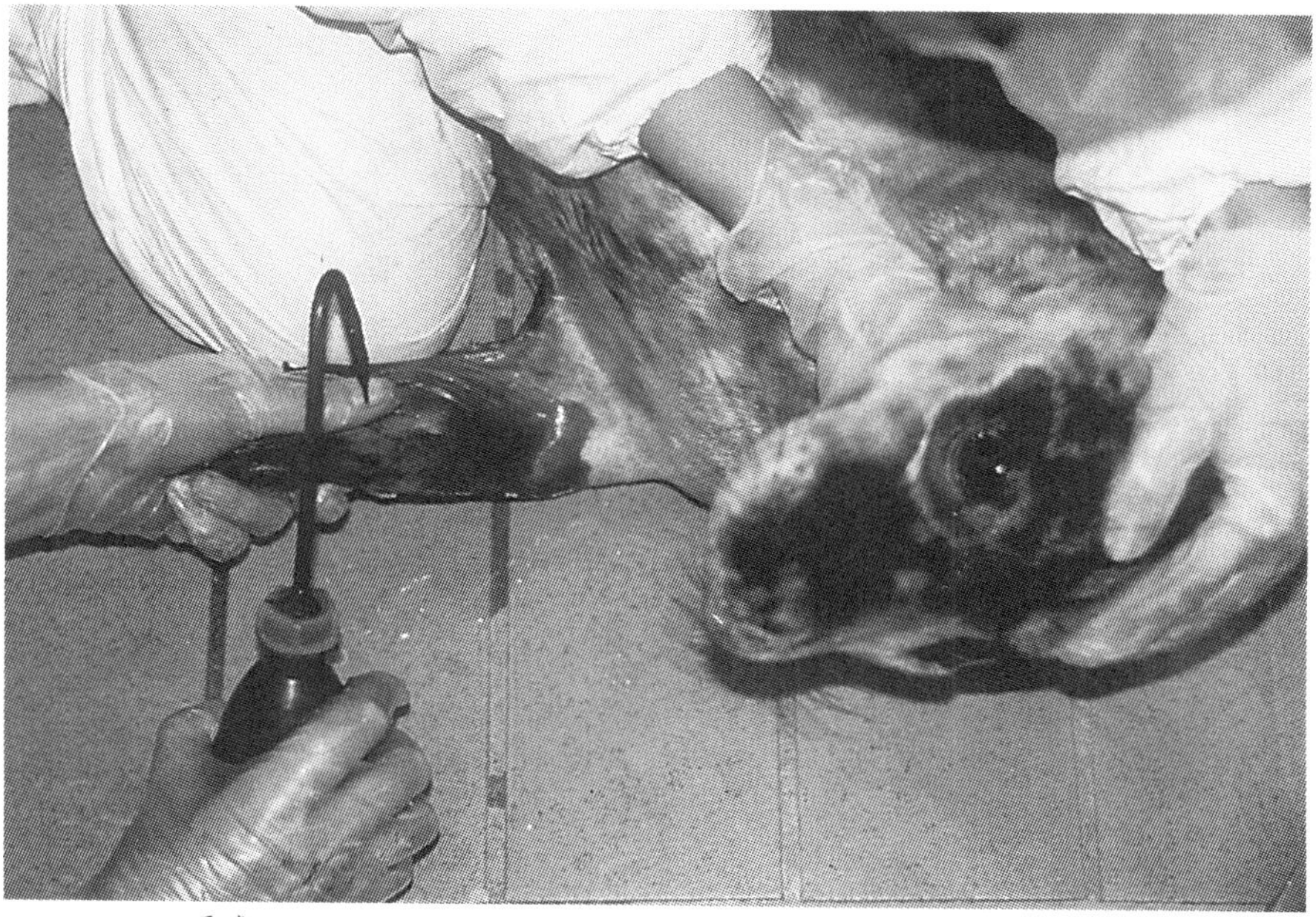

きずの手当《てあ》てをするときは、あばれないようにしっかりおさえます。

毎朝《まいあさ》の見まわりでは、まず体重《たいじゅう》と体温《たいおん》をはかります。よわっている赤ちゃんは、尾《お》のところをタオルや毛布《もうふ》であたためてもらって、ねむりつづけています。体力《たいりょく》がないのでしょう、あまり動きません。

「さあ、体温《たいおん》をはかりましょう。ねむっているアザラシもよく見て、報告《ほうこく》してね。あら、ドナルドは力がないわ。リース先生にみてもらいましょう。」

記録用紙《きろくようし》をもったスーザンが、アニタのことばにうなずいて、メモします。ねむりかたや動作《どうさ》に目をこらして観察《かんさつ》し、異常《いじょう》があるアザラシはリース医師《いし》に報告《ほうこく》して、精密検査室《せいみつけんさしつ》に運《はこ》ぶのです。朝の見まわりは、そんなふうにしておこなわれます。

点検《てんけん》がおわると、食事《しょくじ》のじゅんびです。食事は入院患者《にゅういんかんじゃ》の症状《しょうじょう》や、年令《ねんれい》、回復《かいふく》のようすによって、さまざまにくふうされています。

まだ保護《ほご》されたばかりで、栄養失調《えいようしっちょう》になっているアザラシには、きゅうに栄養《えいよう》のある食事《しょくじ》をとらせると、からだに負担《ふたん》をかけることになります。だから水と塩《しお》とさとうをまぜたものをあたえて、すこしずつならしていきます。

すこし回復《かいふく》してきたものには、それに小麦粉《こむぎこ》をまぜたものを用意《ようい》します。健康《けんこう》がもどってきてはいるものの、まだ食欲《しょくよく》があまりないアザラシには、ニシンを粉《こな》にして、水とまぜた流動食《りゅうどうしょく》をやります。

お乳《ちち》がわりの栄養《えいよう》たっぷりの流動食《りゅうどうしょく》をのませるやりかたは、レイニーが苦心《くしん》をかさねて考えついた方法《ほうほう》です。ふたりがひと組《く》みになり、ひとりがアザラシをだきかかえ、やさしく話しかけ、安心《あんしん》させているあいだに、もうひとりがじょうごとチューブをつかって、口にながしこんでやるのです。

だきかかえると、赤ちゃんアザラシは、お母《かあ》さんかな？　と思うのでしょう。あまえてキューイキューイとないたり、からだをすりよせてきます。でも、むりにたべさせるのですから、いやがって顔をふったり、げんきのいいアザラシはかみつこうとしたりします。そこを話しかけたり、なぜたりして、不安《ふあん》をのぞいてやり、食事《しょくじ》をさせるのです。

「さあ、いい子だから、たべようね。げんきになったほうがいいでしょ。」

アニタが耳もとでやさしく話しかけてやると、アザラシは安心《あんしん》しておとなしくなります。

「人間《にんげん》の赤ちゃんとおなじよ。ことばの意味《いみ》はわからなくても、声の調子《ちょうし》で心がおちつくのね。」

アニタはスーザンに教えます。これは、長年《ながねん》アザラシに接《せっ》していて、アザラシのことをよくわかり、そして深《ふか》い愛情《あいじょう》をもっていなくてはできない作業《さぎょう》です。

えさのニシンを自分《じぶん》でたべようとしないアザラシには、からだの上に馬乗《うまの》りになっておさえ、口をあけさせて魚《さかな》の頭のほうからたべさせます。げんきになってきたアザラシには、手でニシンをたべさせます。

げんきになったアザラシのところへスタッフがいくと、ヨチヨチあるいてあつまってきます。みんなもう、すっかり人間《にんげん》になついて、

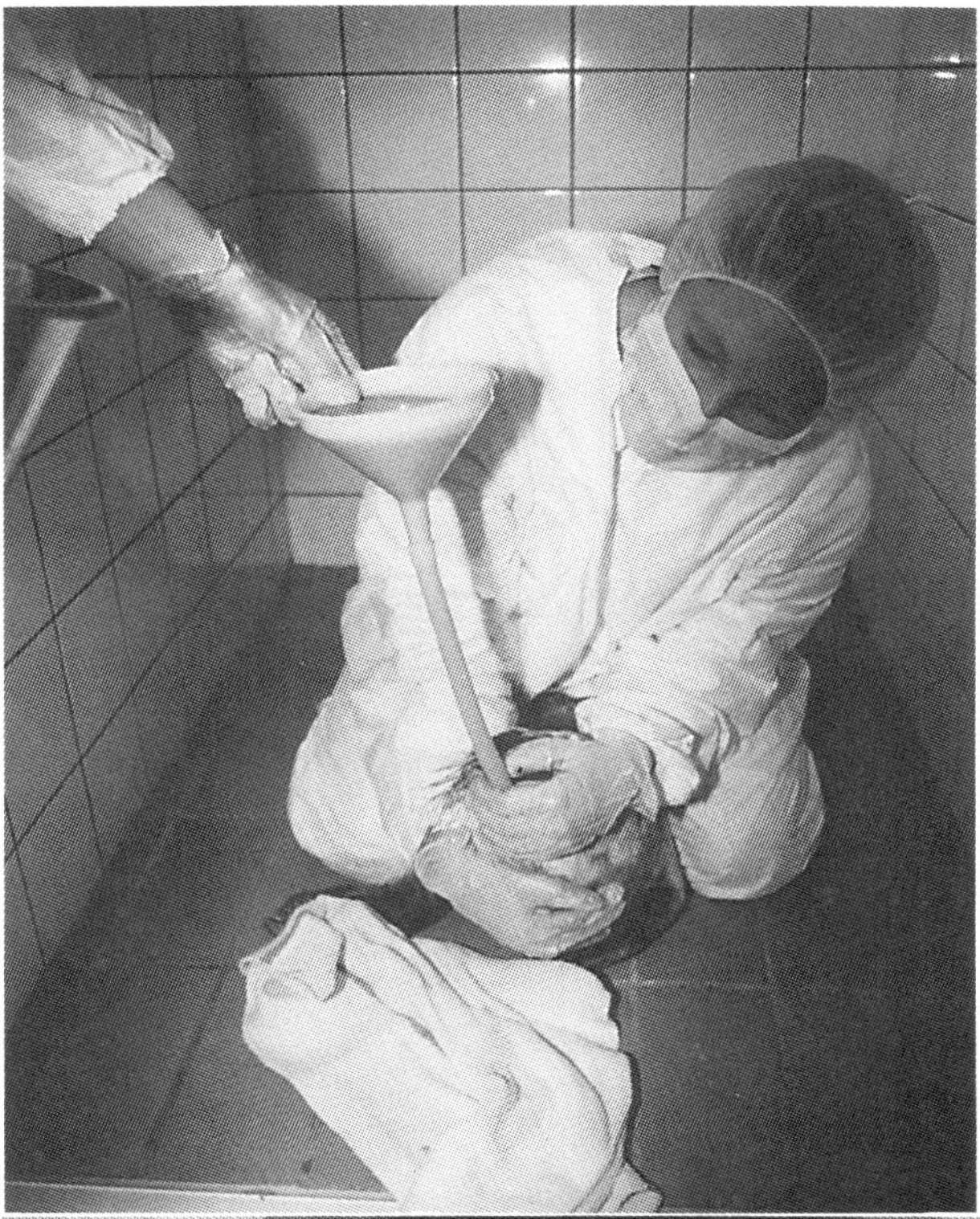

からだがよわっているアザラシには、じょうごで流動食《りゅうどうしょく》をあたえます。

すこし元気《げんき》になったアザラシには、ニシンを口の中へおしこんでやります。

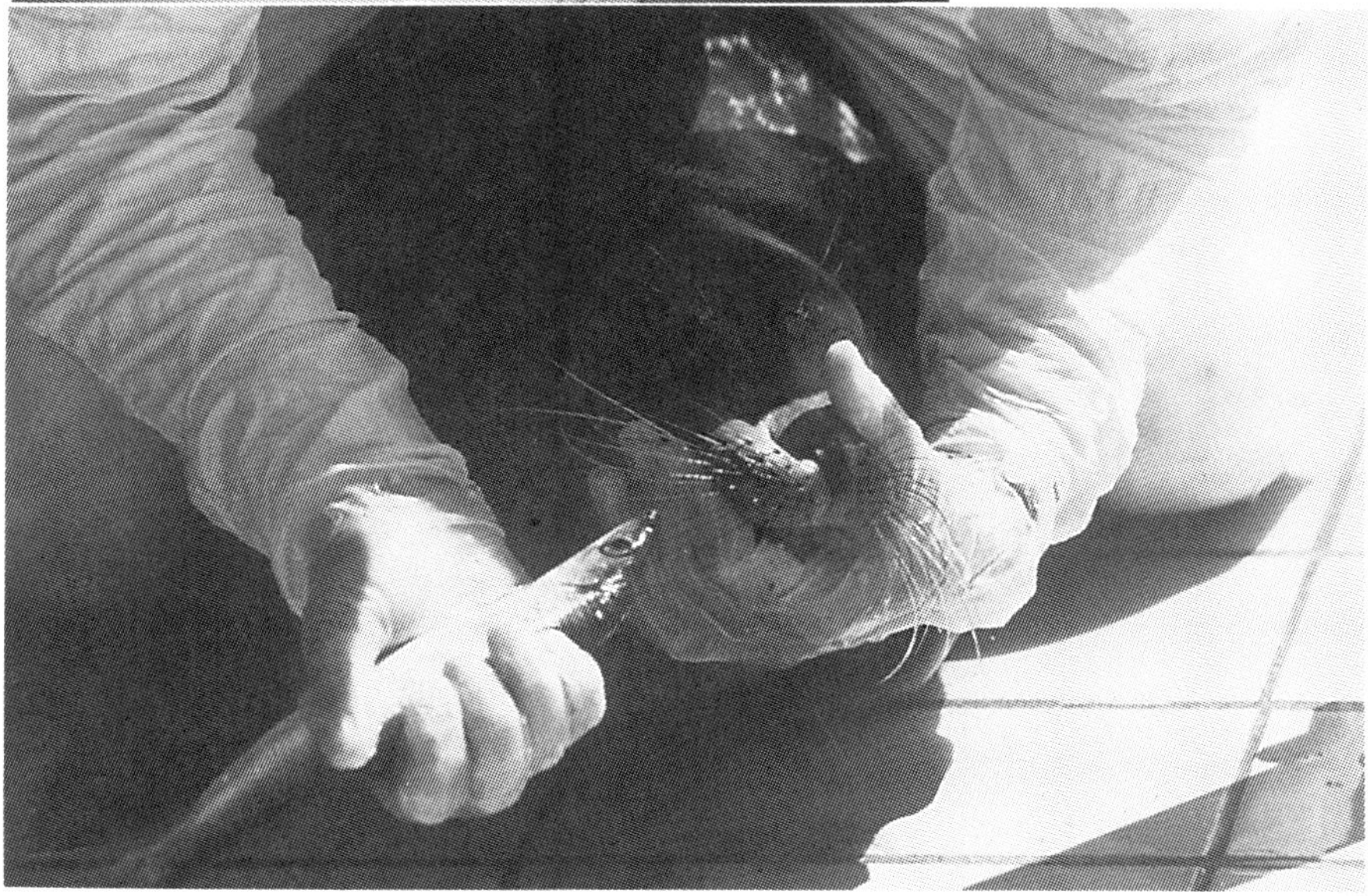

「はやくちょうだい。」

というように、あまえた、かわいい動作《どうさ》をします。

「はいはい、いまあげますよ。でも順番《じゅんばん》よ。」

どのアザラシにも、たりなくないように、気をくばって食事《しょくじ》をさせます。

スタッフは、入院《にゅういん》しているアザラシをひと目見ただけで、名まえと症状《しょうじょう》が頭のなかにうかんできます。

「ジェニーは気がよわいのよ。だから、いつもほかの子のうしろになってしまう。ほら、ジェニー、まえにでて。いっぱいたべないと、じょうぶになれないのよ。」

アニタは、スーザンにえさのやりかたを教えます。

外のプールにいるげんきになったアザラシには、ニシンを投《な》げこみ、なるべく自然《しぜん》にちかいかたちでたべさせます。

ラッコのように、両方《りょうほう》のヒレで魚《さかな》をもって、じょうずにたべるアザラシもいます。

食事《しょくじ》をおえたアザラシたちは、水のなかで二頭《とう》がぐるぐるまわりながらあそんだり、プールからあがって、キスをしあうような遊《あそ》びをしてじゃれあっています。

ときには、一ぴきをまくらにして、その上でもう一ぴきが昼寝《ひるね》するような、ほほえましいすがたも見ることができます。いなくなってしまったお母《かあ》さんのひざを思いだして、仲間《なかま》どおしでなぐさめあっているのでしょう。

そんなかわいくていじらしいアザラシを見ると、しごとの苦労《くろう》はいっぺんにふきとんでしまいます。

食事《しょくじ》がおわると、そうじにかかります。ウィルスにおかされているアザラシもいるので、うつらないように、プールから、えさを用意《ようい》する台所《だいどころ》、ろうかやドアのノブまで徹底的《てっていてき》に消毒《しょうどく》します。

この消毒《しょうどく》が一日三回おこなわれます。そのあいだに食事《しょくじ》が三回あります。

よわった赤ちゃんなどは、もっと何回《なんかい》にもわけて、えさをやらなくてはなりません。

アザラシのからだはまるくてツルツルすべりやすいし、体重《たいじゅう》も子どもでも二十キロもの重《おも》さがあるので、ほんとうにたいへんな労働《ろうどう》です。

センターの正式《せいしき》な職員《しょくいん》は、所長《しょちょう》のレイニー、獣医《じゅうい》のリース、看護《かんご》がかりのアニタの三人のほかに、見学者《けんがくしゃ》に説明《せつめい》をするかかりと、ボランティアのせわをするかかり、売店《ばいてん》のかかりなどが三人います。

六人だけではとてもたいへんですから、ボランティアが大きな力になっています。いつもきてくれる地元《じもと》の学生や主婦《しゅふ》のボランティアのほかに、いろいろな国から動物《どうぶつ》ずきの若者《わかもの》が手つだいにきます。

ボランティアにくる人びとは、オランダの人たちが半分《はんぶん》、あとはヨーロッパ各国《かっこく》からくる人がおおいのですが、アメリカ、カナダ、オーストラリアなどからの若者《わかもの》もいます。日本からも、一九八九年に片田菱子《かただりょうこ》さんという女子《じょし》学生《がくせい》が参加《さんか》しています。

きっかけはさまざまです。新聞《しんぶん》やテレビでこのセンターを知り、ここではたらいて人生《じんせい》の経験《けいけん》にしたいという学生もいますし、将来動物《しょうらいどうぶつ》にかかわるしごとにつきたいと、しんけんにまなぶ人もいます。各国《かっこく》のアザラシの保護機《ほごき》関《かん》から派遣《はけん》されて、看護法《かんごほう》をまなびにきた人もいます。

センターにきたボランティアの若者《わかもの》は、看護《かんご》の方法《ほうほう》をアニタやリースに教わるのですが、すぐにはうまくできないので、どうしてもそうじがおもなしごとになってしまいます。そうじばかりがつづくと、あきて、とちゅうでかえってしまう若者《わかもの》もいます。

でも、若者《わかもの》たちに気もちよくしごとをしてもらうことは、センターの運営《うんえい》に欠《か》かせないことです。ボランティアの人びとは、センターの運営《うんえい》の力になってくれるのはもちろんですが、それぞれの国や地域《ちいき》にかえってからも、センターのすがたをつたえてくれる役割《やくわり》をしてくれるのです。

レイニーのキビキビした態度《たいど》や、アザラシにかける情熱《じょうねつ》、そしてしずかでやさしいリースやアニタの思いやりにふれて、ボランティアの若者《わかもの》は、心をひとつにして、アザラシの治療《ちりょう》にあたることができるのでした。

十二歳《さい》のときから三年間、毎年《まいねん》の夏休みをここで、アザラシのえさづくりとそうじにすごしている中学生のハンスは、こう語《かた》っています。

「しごとはそうじばかりで、たいくつしたり、がっかりする人もいるみたい。でも、そうじはいちばんたいせつなんだよ。ここでは、いろんな国の人にあえるし、なによりアザラシとすごせるから、たのしいんだ。」

夜《よる》にはよく、ミーティングルームで小さなパーティがひらかれます。そんなときレイニーは、昼《ひる》まのきびしさはどこへいったのかと思うほどおだやかで、みんなのお母《かあ》さんのようです。

リースは、若者《わかもの》たちの話をやさしくきくお姉《ねえ》さん。家族的《かぞくてき》なリラックスしたふんいきのなかで、立場《たちば》や年令《ねんれい》をこえて、たのしい会話《かいわ》がはずみます。

このセンターをつくって中心《ちゅうしん》になって運営《うんえい》してきたのはレイニーですが、レイニーひとりだけで、センターが発展《はってん》したのではありません。ジョン船長《せんちょう》、リース医師《いし》、それぞれべつの人生《じんせい》をあるいてきた三人が、苦《くる》しんでいるアザラシをすくうために、自分《じぶん》たちの力のありったけをだそうと決心《けっしん》して、協力《きょうりょく》してきたからできたことでした。

4 動物《どうぶつ》ずきの少女《しょうじょ》レイニー

レイニー・ツ・ハートは、一九四一年に、デルフジィル港《こう》のちかくの農家《のうか》で、五人の兄の妹《いもうと》として生まれました。

「おもちゃでも、おやつでも、兄たちとバタバタととりあいをして、やっと手にはいるという子ども時代《じだい》でした。ほしいものは、自分《じぶん》でくふうして動いて、ときにはたたかってかちとるという精神《せいしん》は、その時代《じだい》にうえつけられたものかもしれないわ。」

と、レイニーはちゃめっけたっぷりにわらいます。

「大きくなって、ちかくの子どもたちとあそぶようになると、外が大すきな

子になっていきましたね。家のちかくには、海よりひくい土地《とち》を海水《かいすい》からまもる、ひろくて長い堤防《ていぼう》が、はるかかなたまでつづいていて、そこでわたしはよくあそんだんです。陸《りく》の動物《どうぶつ》、海の動物、みんなおもしろかったわ。」

堤防《ていぼう》の上には、ヒツジやヤギ、牛などの動物《どうぶつ》がのんびり草をたべています。チョウチョウなどの昆虫《こんちゅう》がむれてあそぶ堤防《ていぼう》の下では、海のカニやヤドカリがあそんでいるのです。海と陸《りく》の両方《りょうほう》の動物《どうぶつ》にかこまれて、レイニーは毎日《まいにち》あきずに堤防《ていぼう》であそびました。そして、動物たちと友だちになっていったのです。

海を埋《う》め立《た》ててつくられた国オランダに生活《せいかつ》する人びとにとって、海は心のふるさとでした。

十七世紀前半《せいきぜんぱん》のころ、オランダは世界一《せかいいち》の海運国《かいうんこく》として、日本をふくめた世界《せかい》じゅうに船《ふね》をだし、貿易《ぼうえき》をしてさかえていました。やがて、その地位《ちい》がイギリス、フランスなどにうばわれるようになってからも、人びとは浅《あさ》い海の土地《とち》の海水《かいすい》を風車《ふうしゃ》ですいあげ、土地をかわかして農地《のうち》や牧草地《ぼくそうち》をつくって、酪農《らくのう》、農業《のうぎょう》の国としてゆたかな生活《せいかつ》をきずいてきました。いまでも、『オランダのチーズは世界一《せかいいち》』と高い評価《ひょうか》をうけています。

「海水《かいすい》がはいりこまないように、海にはりめぐらされた堤防《ていぼう》、そして縦横《じゅうおう》につくられた運河《うんが》、森や林、木《き》ぎ。祖先《そせん》がつくった自然《しぜん》は、いつもわたしたちの誇《ほこ》りだったわ。また、わたしたちにとって動物《どうぶつ》はなくてはならないもの、生活《せいかつ》をともにするものでした。わたしの家のような農家《のうか》は、ひろい家のなかで犬やネコはもちろん、牛、ヒツジ、ニワトリや小鳥《ことり》などといっしょに生活《せいかつ》するのは、ごくあたりまえのことでした。オランダの冬は寒《さむ》いから、大きな動物《どうぶつ》も家にいれてあげないと、死《し》んでしまうの。わたしはそんななかで、動物《どうぶつ》が大すきになっていったのよ。」
と、レイニーはいいます。

中学にすすんだレイニーは、自然観察《しぜんかんさつ》のクラブにはいり、そこで水鳥《みずどり》に興《きょう》

堤防《ていぼう》にかこまれた牧草地《ぼくそうち》には、ひつじや牛《うし》などの家畜《かちく》や水鳥《みずどり》がいっぱいです。

生後《せいご》二週間《しゅうかん》めに保護《ほご》されたアザラシの赤ちゃんをだくレイニー所長《しょちょう》。

味《み》をもち、観察《かんさつ》をつづけました。この地方《ちほう》では、北極海《ほっきょくかい》とアフリカをゆききする渡《わた》り鳥《どり》や、ワッデン海《かい》の浅《あさ》い海にすむ水鳥《みずどり》など、四十種《しゅ》以上《いじょう》のめずらしい鳥が見られます。レイニーはバードウォッチングにむちゅうで、学校生活《せいかつ》をおくっていました。

高校《こうこう》を卒業《そつぎょう》すると、郵便局《ゆうびんきょく》につとめ、二十四歳《さい》のときに、小学校の先生をしていた男性《だんせい》と結婚《けっこん》して、人口《じんこう》わずか三千人の小さな村《むら》、ピーターブレーンに住《す》むようになりました。つぎの年、むすこのピーターが生まれました。

二十代《だい》の後半《こうはん》までレイニーは、ごくふつうの主婦《しゅふ》でした。ただとても動物《どうぶつ》ずきで、近所《きんじょ》の人に「うちのネコがぐあいがわるくて。」などときくと、

「あら、あの黒いネコ？　ちょっと見ていいかしら。」

と、ようすを見にいき、じょうずになおしてやったりしました。

レイニーは動物《どうぶつ》のことがよくわかり、けがや病気《びょうき》の治療《ちりょう》ができる、という評判《ひょうばん》がひろまり、動物《どうぶつ》を治療《ちりょう》につれてくる人がだんだんふえてきました。そ

ここでレイニーは、二十九歳《さい》のとき、だれでも気楽《きらく》に動物《どうぶつ》をつれてきてもらえるように、自宅《じたく》で小さな病院《びょういん》をひらきました。

つれてこられるのは、小鳥《ことり》や犬やネコたちがほとんどで、レイニーはけがをした犬や病気《びょうき》のネコの手当《てあ》てをしながら、いそがしいながらもおだやかな日《ひ》びをすごしていました。

しかし、その年の十二月に、ちかくの村《むら》の役場《やくば》につとめるウエンツェルさんが、アザラシのルーカスをつれてたずねてきたことから、レイニーの運命《うんめい》は大きくかわることになったのです。

「この海では最近《さいきん》、きずついたアザラシがふえてきただろう？　いままで、わしはそういうアザラシがいると自分《じぶん》で治療《ちりょう》をして、げんきになると海にかえしてやっておったんだがね。病気《びょうき》のアザラシはふえるし、村役場《むらやくば》のしごとはいそがしいし、もう手におえなくなってしまったんじゃよ。このルーカスは、虫みたいなものをはいてよわっている。見てやってくれないかね。」

と、ウエンツェルさんはいいました。

「ええっ。アザラシなんてはじめてよ。わたしにできるかしら。」

レイニーがのぞきこむと、ルーカスはタオルにまかれたまま、よわよわしい目でじっとレイニーを見ました。

（なんてつぶらなかわいらしい目なんだろう。こんなによわって。）

そう思ったとたん、レイニーはルーカスをだきとっていました。

「かわいそうに。なんとかやってみるわ。」

というレイニーの返事《へんじ》をきいて、ウエンツェルさんはよろこんでかえっていきました。

レイニーには、ルーカスの病気《びょうき》がなんなのか、さっぱりわかりません。動《どう》物《ぶつ》の医学《いがく》の本を読みふけり、友だちの獣医《じゅうい》や、デンヘルダーというところにある海洋生物《かいようせいぶつ》の研究所《けんきゅうじょ》に相談《そうだん》したり、ひっしに看病《かんびょう》をつづけました。レイニーの努力《どりょく》とくふうのおかげで、まもなくルーカスはげんきをとりもどし、海にかえすことができました。

レイニーがルーカスをなおしたという評判《ひょうばん》をききつけて、きずついたアザラシをつれてくる人がふえました。

あずかったアザラシは、水のなかで生活《せいかつ》させなければなりませんが、レイニーの家には、ひろいプールはもちろん、小さな水槽《すいそう》さえありません。バスルームや庭《にわ》にバスタブをおいて、アザラシに水浴《みずあ》びをさせました。バスタブはどんどんふえ、居間《いま》やろうかにもおかれるようになりました。それほど、よわったアザラシがふえてきたのです。

「ママ、水槽《すいそう》だらけで、キッチンにいけないよ。」

学校からかえったピーターが、レイニーをよびます。

「自分《じぶん》でどけて。あっ、そのケニーはだめ。よわってるから動かさないで。」

「じゃあ、どうすればいいの。ぼく、おなかがすいたよ。」

「まって、この薬《くすり》をのませたら、水槽《すいそう》を動かすから。」

「えーっ、いつまでかかるの？」

そんな会話《かいわ》が、毎日《まいにち》のようにくりかえされました。

アザラシは大きくて重《おも》いので、えさをやったり薬《くすり》をのませたりするのは、ほんとうにたいへんです。一日がおわると、口もきけないほどぐったりとします。

夫《おっと》も重《おも》い荷物《にもつ》を運《はこ》んでくれたり、手つだってくれました。でも、毎日《まいにち》がアザラシを中心《ちゅうしん》にいそがしくすぎていき、妻《つま》とゆっくり話したり、くつろぐ時《じ》間《かん》がなくなっていくと、夫《おっと》はだんだん口数《くちかず》がすくなくなっていきました。

食事《しょくじ》をとる時間《じかん》もないレイニーを心配《しんぱい》して、見かねた近所《きんじょ》の人が手つだってくれるようになりました。レイニーはたすかりましたが、夫《おっと》にとって近所《きんじょ》の人がいつも動きまわっている家は、おちつかないものでした。

ピーターも、友だちの家にいってかえらないことがふえてきました。

「ママはとてもりっぱだと思うよ。でも、一日じゅうアザラシのせわばかり。

きょうだってやっといすにすわったから、学校のことを話そうとしたら、こわい顔して手をふるんだ。『考えごとしてるから、じゃましないで』って。いやんなっちゃう。」

ピーターは友だちに打《う》ち明《あ》けるのでした。レイニーの家庭《かてい》にはすこしずつひびがはいっていきました。

そのころ、レイニーがいちばん苦労《くろう》したのは、よわって食欲《しょくよく》のなくなった赤ちゃんにどうやって栄養《えいよう》をとらせるか、ということでした。

人間用《にんげんよう》のミルクや牛乳《ぎゅうにゅう》をほ乳《にゅう》びんでのませてみましたが、いやがって乳首《ちくび》をかみ切ってしまいます。うまくのませることができても、お母《かあ》さんアザラシのお乳《ちち》ほどこくて栄養《えいよう》のあるミルクを用意《ようい》するのは、とても不可能《ふかのう》でした。ふつうのミルクでは、一日じゅうあげていても栄養《えいよう》がたりないのです。

いろいろ試《ため》した結果《けっか》、レイニーは、いろいろな栄養《えいよう》をくわえた流動食《りゅうどうしょく》を、じょうごとチューブで、口からながしこむ方法《ほうほう》を思いつきました。

「タンクに油《あぶら》をつぐときなど、じょうごやチューブをつかって、一滴《てき》もこぼさないようにいれるでしょう。ある日なんの気なしに、油《あぶら》をタンクにいれるところを見ていて、ハッと思いついたのよ。」

と、レイニーはわらいます。

力のつよいおとなのアザラシはあばれるので、この方法《ほうほう》はつかえませんが、三か月ぐらいまでの赤ちゃんなら、馬乗《うまの》りになっておさえつけて動かないようにして、のませることができます。かみつかれないようにこつがいりますが、それさえわかればだいじょうぶです。この方法《ほうほう》のおかげで、それまでたすけられなかった赤ちゃんアザラシが、どんどんげんきになっていきました。

ところが、レイニーがいくら苦労《くろう》しても、野生《やせい》のアザラシの治療《ちりょう》に、お金《かね》をはらってくれる人はいません。薬代《くすりだい》やえさ代《だい》は、レイニーの小づかいをあてるしかありません。その年、レイニーがアザラシの治療《ちりょう》につかえたお金《かね》は、一年間でたったの七万円でした。

それなのに、一九七一年には四頭、つぎの年には十頭《とう》、レイニーのところにつれてこられる病気《びょうき》のアザラシはふえるばかりでした。

きずついてよわっているアザラシを見ると、レイニーはどんなにいそがしくても、治療《ちりょう》をことわることができませんでした。

夫《おっと》の口数《くちかず》がますますすくなくなり、しだいに気もちがかよいあうこともなくなってきたのを感《かん》じていながら、レイニーは、いま命《いのち》の危険《きけん》にさらされているアザラシたちを、放《ほう》っておくことはできなかったのです。

やがて悲《かな》しいことに、ふたりは離婚《りこん》することになりました。レイニーとむすこのピーターは、お金《かね》にはならないアザラシ病院《びょういん》にのこりました。

ピーターは、母のレイニーがだれにもできない、たいせつなしごとをしているとわかっていたので、母をささえ、学校にいきながら、病院《びょういん》を手つだうことにしました。

5　ひろがる活動《かつどう》の輪《わ》

そんなレイニー一家《いっか》のようすを見かねて、ボランティアとして手つだいにやってくる人びとがふえてきました。レイニーの友だちのルーシーもそのひとりで、おさない娘《むすめ》のアニタをつれて、よく手つだいにきてくれました。時間《じかん》をきめてそうじだけしてくれる人や、家事《かじ》を手つだってくれる人もいました。時間がなくていけないからと、お金《かね》を寄付《きふ》してくれる人もありました。地域《ちいき》の新聞《しんぶん》にレイニーの病院《びょういん》が報道《ほうどう》されると、動物《どうぶつ》がすきな子どもやお年《とし》よりから、お金《かね》がおくられてきました。アザラシのために、いらなくなったバスタブや水漕《すいそう》をおくってきてくれる人もいました。そんな人びとのはげ

ましが、どんなにレイニーを勇気《ゆうき》づけたでしょう。

こうして、レイニーの活動《かつどう》はすこしずつひろく知られるようになり、やがてピーターブレーンの村長《そんちょう》さんが会長《かいちょう》になって、レイニーの病院《びょういん》をおうえんしようという、後援会《こうえんかい》ができたのです。

このことが新聞《しんぶん》に報道《ほうどう》されると、新聞や雑誌《ざっし》、テレビなどが取材《しゅざい》にくるようになりました。

「あの大きなアザラシを自宅《じたく》で治療《ちりょう》しているおくさんがいるんだって？　いったいどんな女性《じょせい》なんだろう。ただのものずきなのか？　それとも有名《ゆうめい》になりたくって、そんな活動《かつどう》をしているのじゃないかな？」

そんなうたがいをもちながら、取材《しゅざい》にきた記者《きしゃ》もいました。しかし、レイニーのすなおであけっぴろげな人柄《ひとがら》にふれ、そのいそがしい生活《せいかつ》を見ると、ほんとうにアザラシを愛《あい》していて、治療《ちりょう》しているのだとすぐわかり、その記事《きじ》はあたたかいものにかわりました。

『公害問題《こうがいもんだい》の被害者《ひがいしゃ》である野生動物《やせいどうぶつ》をまもることで、自然保護《しぜんほご》をうったえる女性《じょせい》。』

と、レイニーは新聞《しんぶん》に紹介《しょうかい》されました。

オランダの人びとは、自然《しぜん》や動物《どうぶつ》が大すきです。アザラシをたすけるためにいっしょうけんめい努力《どりょく》しているレイニーのすがたは、人びとの心をうちました。それに、絶滅《ぜつめつ》しそうになっているアザラシをまもるには、まず海をきれいにしなければなりません。それは人間《にんげん》にとっても必要《ひつよう》なことだと、おおくの人が感《かん》じたのです。

オランダじゅうの人びとが、一主婦《しゅふ》のレイニーに注目《ちゅうもく》するようになり、その活動《かつどう》ぶりが、ますますくわしく新聞《しんぶん》などで報道《ほうどう》されるようになりました。レイニーをたすけようとする人びとは、町や村から州《しゅう》へ、そしてオランダ全土《ぜんど》に、さらに世界《せかい》へとひろがっていったのです。

そのころヨーロッパでは、これ以上《いじょう》の自然《しぜん》の破壊《はかい》はゆるされないと主張《しゅちょう》するグリーン・ピースの運動《うんどう》がさかんになってきていました。グリーン・ピースは、一九七〇年に設立《せつりつ》された、国際的《こくさいてき》な環境保護団体《かんきょうほごだんたい》です。海によごれた排水《はいすい》をながさないよう国や工場《こうじょう》にはたらきかけたり、野生動物《やせいどうぶつ》の保護《ほご》に熱心《ねっしん》な活動《かつどう》をつづけたりしており、全世界《ぜんせかい》に約《やく》二五〇万人の会員《かいいん》がいて、日本にも支部《しぶ》があります。

オランダは、とくにグリーン・ピースの力がつよい国です。政治《せいじ》の場《ば》にも議員《ぎいん》をおくりだすほど、おおくの人びとが参加《さんか》していました。

その組織《そしき》も、レイニーを援助《えんじょ》してくれるようになりました。

ふつうの動物《どうぶつ》ずきの女性《じょせい》から、アザラシの専門家《せんもんか》へと、レイニーは成長《せいちょう》していきました。家には手つだいの人が、いつも六、七人おり、ますます家はせまくなります。アザラシに関《かん》する問《と》いあわせも、世界《せかい》じゅうからくるようになり、レイニーはひっしに勉強《べんきょう》もしなくてはなりませんでした。

家事《かじ》や子育《こそだ》て、ほかの動物《どうぶつ》のせわといそがしい生活《せいかつ》のなかで、夜《よる》はむずか

世界《せかい》の海《うみ》を行《ゆ》き来《き》するタンカーの中には、廃油《はいゆ》をたれ流《なが》すものもあります。

病気《びょうき》の感染《かんせん》をふせぐために、そうじはたいせつなしごとのひとつです。

しい動物《どうぶつ》の医学書《いがくしょ》を読みふける毎日《まいにち》でした。

「ほんとうに寝《ね》る時間《じかん》がなくなってしまって。でも、どんなにつかれていても、アザラシを見るとげんきがでてきたわ。アザラシを心からすきになっていたんですね。どうにかたすけたい、その一心《いっしん》でどんどん勉強《べんきょう》できたんです。」

と、レイニーはそのころのことを語《かた》ります。

そうしているうちに、レイニーのところにくるアザラシはますますおおくなりました。自宅《じたく》は各地《かくち》からおくられてきたふるいバスタブや、水槽《すいそう》でいっぱいになり、生活《せいかつ》もできないというありさまです。

「レイニー、もう無理《むり》だよ。思いきってほかの場所《ばしょ》に、もっと大きな病院《びょういん》をつくるんだ。グリーン・ピースの組織《そしき》も、きみを援助《えんじょ》するとやくそくしている。さあ、ふみきるんだ。」

後援会《こうえんかい》の人びとからいわれて、レイニーは決心《けっしん》しました。

「どんなにたいへんでも、もうこの道をいくしかない、とこのとき心をきめ

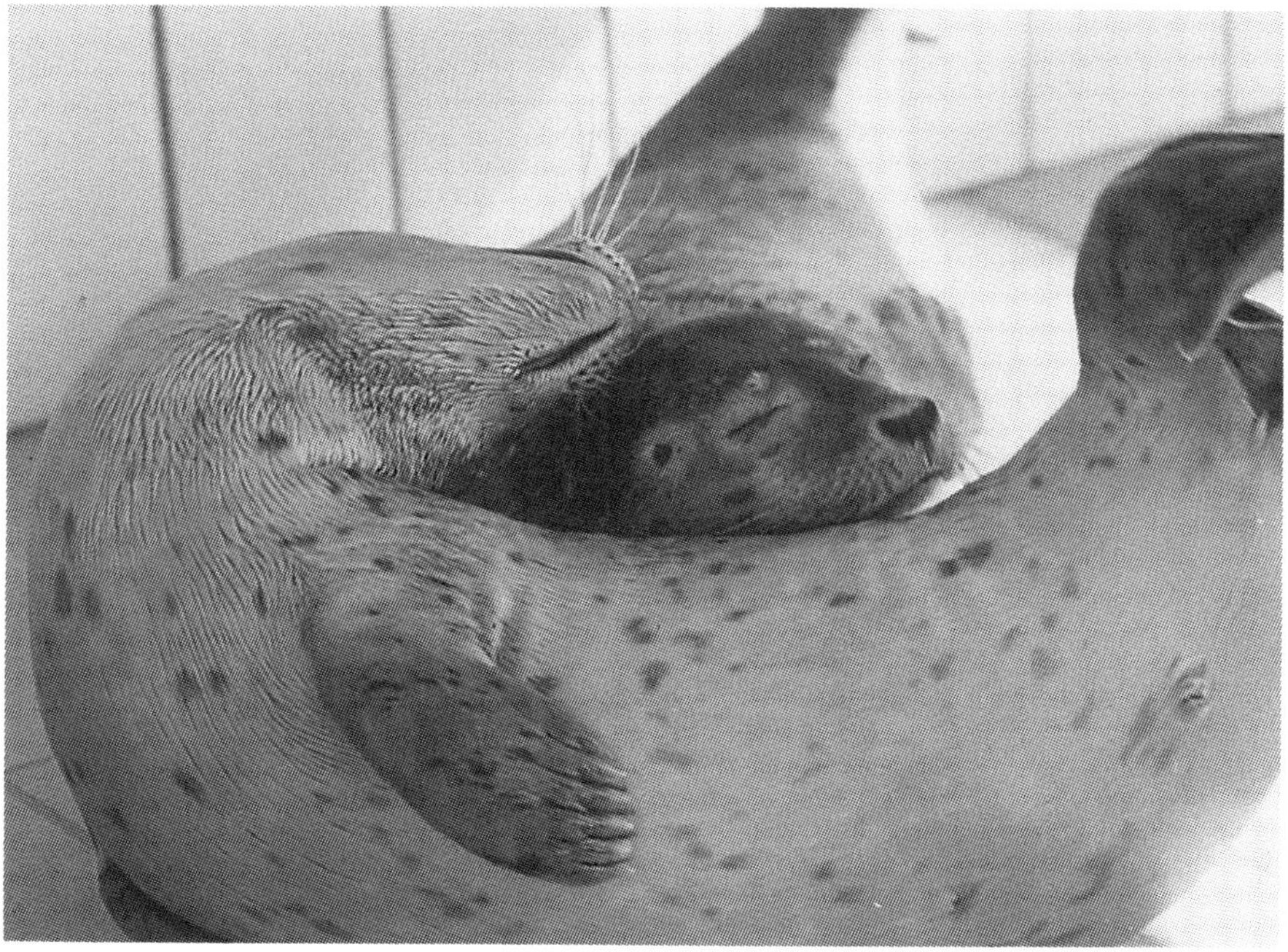

だきあってねむるアザラシの子。お母《かあ》さんを思いだしているのでしょうか。

ました。だって、きずつき病《や》んだアザラシを見すてるなんて、もう考えられませんでした。」

と、レイニーはいいます。

あたらしいセンターは、レイニーの自宅《じたく》ちかくのひろい牧草地《ぼくそうち》につくることになりました。

センターの設計《せっけい》では、まず病気《びょうき》の感染《かんせん》をふせぐことが第《だい》一に考えられました。そのうえで、アザラシの病《びょう》気《き》の重《おも》い、軽《かる》いによって治療《ちりょう》をわける病室《びょうしつ》やプールがくふうされました。研究《けんきゅう》やボランティアの人びとをとめるスペースや、見学《けんがく》の人びとに説明《せつめい》する教育《きょういく》のへやも必要《ひつよう》です。

長いあいだ、いろいろなアザラシを看護《かんご》してきたからわかる、レイニーならではのアイディアがいかされた設計《せっけい》でした。センターのプランは、室内《しつない》には水槽《すいそう》つきの病室《びょうしつ》が五つ、えさを調理《ちょうり》するへや、研究室《けんきゅうしつ》、事務室《じむしつ》、見学《けんがく》にくる人のための展示《てんじ》のへや、スタッフの休憩《きゅうけい》のへやと宿泊《しゅくはく》の施設《しせつ》がつくられました。外には、大きなプールが二つ、中ぐらいのプールが二つ、それに一頭《とう》用《よう》の水槽《すいそう》が四つ、という大きな規模《きぼ》のものになりました。

銀行《ぎんこう》からお金《かね》をかりて、一九七九年にセンターは完成《かんせい》しました。ばく大な借金《しゃっきん》をかかえてのスタートで、大きな不安《ふあん》がありましたが、センターにつとめる人びとは、ふつうの人の半分《はんぶん》の収入《しゅうにゅう》でがんばりぬいたのです。

やがて、五千人にもふえた後援会《こうえんかい》の人びとの寄付《きふ》や、郡《ぐん》や州《しゅう》の政府《せいふ》からの援助《えんじょ》、助成金《じょせいきん》などで、借金《しゃっきん》はほどなくかえすことができました。

6　よし、ヘリを飛《と》ばせろ

レイニーがセンターに欠《か》かせない力づよい友となったジョン船長《せんちょう》と出あったのは、一九七七年夏のことでした。

ちかくの島《しま》にとてもよわっている赤ちゃんアザラシがうちあげられている、という電話《でんわ》がレイニーのところにはいりました。船《ふね》がなければ助《たす》けにいけないところです。センターができる二年まえのことで、自宅《じたく》でアザラシの治療《ちりょう》をしていたレイニーに、船《ふね》などありません。

でも、だれかが助《たす》けにいかなくては。こういうとき、レイニーのもちまえのファイトがむくむくとわきあがります。レイニーはすぐ電話《でんわ》をとりました。

この海域《かいいき》をうけもつ、環境庁《かんきょうちょう》の支部《しぶ》に電話《でんわ》をし、大至急《だいしきゅう》、船《ふね》かヘリコプターをだしてください、とたのみました。

この連絡《れんらく》をうけたのが、環境庁《かんきょうちょう》の自然保護《しぜんほご》・監視船《かんしせん》のジョン船長《せんちょう》でした。ジョン船長《せんちょう》のしごとは、ワッデン海《かい》の自然《しぜん》をまもるために、船《ふね》でうけもちの海域《かいいき》をパトロールすることでした。ワッデン海《かい》のアザラシを治療《ちりょう》している女性《じょせい》がいるという、レイニーのうわさをきいてはいましたが、まだあったことはありませんでした。

連絡《れんらく》をうけたジョンは、アザラシのようすをきくとすぐに、監視船《かんしせん》のヘルダー号《ごう》が救助《きゅうじょ》にむかってもまにあわないと判断《はんだん》しました。そこでジョンは、独断《どくだん》で、ちかくに基地《きち》のある軍隊《ぐんたい》にヘリコプターを飛《と》ばしてもらうよう、たのんだのです。ヘリコプターはすぐに飛《と》びたち、アザラシの赤ちゃんはあやういところで救助《きゅうじょ》され、命《いのち》をとりとめました。

そのかわりジョンは、上司《じょうし》に相談《そうだん》もなく、軍隊《ぐんたい》を動かしたということで、

ひどくしかられました。でも、

「人間《にんげん》のめんどうな手つづきより、アザラシの命《いのち》のほうがたいせつさ。」

そういってジョンは、胸《むね》をはっていました。

それが、レイニーとジョンの出あいでした。

ジョンはそれから、レイニーの病院《びょういん》をおとずれるようになり、そのしごとぶりを見て感動《かんどう》しました。レイニーのしごとが一段落《いちだんらく》したときなど、ふたりはアザラシのことや海をまもることを、いろいろと話しあいました。

ある日、ジョンはいいました。

「自分《じぶん》がほんとうにしたいしごとを見つけるのは、むずかしいものだね。ぼくは船乗《ふなの》りになるのが夢《ゆめ》だった。苦労《くろう》して免許《めんきょ》をとって貨物船《かもつせん》の船長《せんちょう》になったのは二十六歳《さい》のときだ。ところが、いざ船長《せんちょう》になってみたら、ぼくがほんとうにやりたいことと、すこしちがうんじゃないか、と感《かん》じだした。ぼくのやりたいことは、よごれていくふるさとの海、ふるさとの自然《しぜん》をまもるしごとなんだ、と気がついたんだ。」

ジョンは、自然環境《しぜんかんきょう》をまもる監視船《かんしせん》の船長《せんちょう》になりたいと考えましたが、その夢《ゆめ》が実現《じつげん》するには、それから五年以上《いじょう》もかかりました。

「環境保護《かんきょうほご》のしごとをしたいと思って、何十通《なんつう》も政府《せいふ》の機関《きかん》に手紙《てがみ》をだした。でも、ようやく採用《さいよう》されたのは、公共事業庁《こうきょうじぎょうちょう》の船《ふね》の船長《せんちょう》だった。ワッデン海《かい》にある潮《しお》の干満《かんまん》をしめすタワーの部品《ぶひん》や、バッテリーを交換《こうかん》してまわる、というのがおもなしごとでね。だいじなしごとにはちがいないけど、ぼくにはどうしてもたいくつだった。

五年やって、三十三歳《さい》のとき、やっと環境庁《かんきょうちょう》にうつることができたんだ。そこで監視船《かんしせん》の船長《せんちょう》になり、自然環境《しぜんかんきょう》をまもるためのパトロールがしごとになった。夢《ゆめ》をすてなかったおかげで、自分《じぶん》がほんとうにやりたいしごとを見つけられたんだ。

海をパトロールしていると、よくまいごになったアザラシの赤ちゃんや、

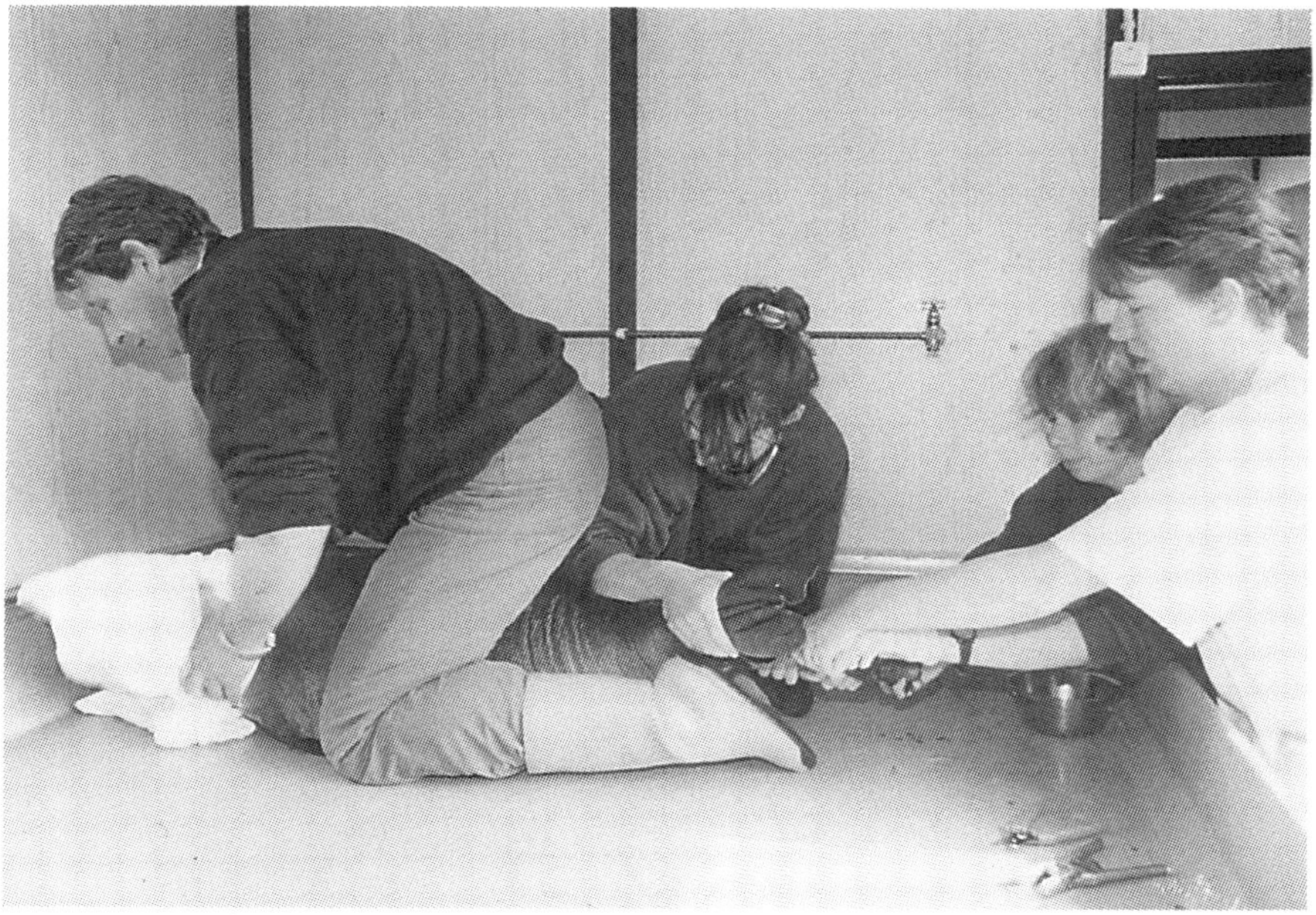

アザラシをおさえるジョン船長《せんちょう》(左)と、治療《ちりょう》をするリース医師《いし》(右)の名コンビ。

そっと近づき、全速力《ぜんそくりょく》でかけよってアザラシを保護《ほご》するジョン船長《せんちょう》。

病気《びょうき》のアザラシを見つけることがあるんだ。これからは、保護《ほご》してつれてくるようにするよ。」

「あなたのような人がいてくれてうれしいわ。ジョン。ワッデン海《かい》のアザラシは、むかしとくらべると、十分《ぶん》の一以下《いか》にへってしまったの。一九六二年に、アザラシをとってはいけないという法律《ほうりつ》ができて、狩《か》りでころされるアザラシはへったけど、そのころから、海のまわりにどんどん工場《こうじょう》ができたでしょ。海がよごれて、アザラシはとてもよわくなってしまった。ワッデン海《かい》のアザラシは、いま、たった三百五十頭《とう》しかいないのよ。」

「だれかがなんとかしなければ、ワッデン海《かい》のコモンアザラシは絶滅《ぜつめつ》してしまうよ。」

「そうよ。いまは、一頭《とう》、一頭がとてもたいせつなの。人間《にんげん》のせいで、あんなにかわいいアザラシがいなくなるなんて、ゆるされないわ。」

「レイニー、ぼくも、できるだけのことはするよ。」

「ええ、がんばりましょう。ジョン。」

この日からジョンは、レイニーのまたとない味方《みかた》となったのです。

ジョン船長《せんちょう》、ジョン・デ・ボーアは、まずしい農家《のうか》の五人兄弟《きょうだい》の次男《じなん》に生まれました。生まれた土地《とち》はカインドブルグというふるい干拓地《かんたくち》で、父がもっていたのはとてもせまい農地《のうち》でした。父はいつもその暮《く》らしをきらって、カナダに移住《いじゅう》する夢《ゆめ》を語《かた》っていました。

ジョンは、小さいころから意志《いし》のつよい、信念《しんねん》をまげない少年《しょうねん》でした。二歳《さい》上の兄が学校にいくようになると、

「ぼくもいくんだ。」

といいはって、毎日《まいにち》、兄といっしょに学校にかよいだしました。先生もジョンがあまり熱心《ねっしん》なので、あいているいすにすわらせてくれました。

やっと六歳《さい》になって小学校に入学《にゅうがく》したジョンは、あるとき、片足《かたあし》のわるい

級友《きゅうゆう》をおおぜいがからかっていじめているのを見て、数人《すうにん》の子にひとりでたちむかっていき、相手《あいて》にけがをさせてしまうという事件《じけん》をおこしました。やさしい気もちが、らんぼうな行動《こうどう》になったのですが、だれもしかるばかりで、わかってはくれませんでした。

小学校の三、四年のころ、父の友だちの自然保護員《しぜんほごいん》（ボランティアで、自然《しぜん》をまもるためのいろいろな活動《かつどう》をする人）の人の指導《しどう》で、「ネイチャークラブ」をつくり、そこで自然観察《しぜんかんさつ》をはじめることができました。

カインドブルグは海面《かいめん》より下に位置《いち》する干拓地《かんたくち》です。運河《うんが》のほとりには、小さな木や草がおいしげるブッシュがあって、そこには小鳥《ことり》やウサギなどの小さな動物《どうぶつ》がたくさんいました。ジョンは動物たちと思うぞんぶんあそんで、育《そだ》っていきました。

ジョンは先生になるためにふつうの中学へいきたかったのですが、がんこな父は、「農民《のうみん》に教育《きょういく》はいらない。」と、兄とおなじ農業学校《のうぎょう》へいくようにい

いはりました。

（ぼくは先生になりたいのに。だめなのか。）

そう思うと、農業《のうぎょう》の勉強《べんきょう》はちっともおもしろくありません。ムシャクシャした気分《きぶん》を晴《は》らすために、ジョンはよく堤防《ていぼう》にでかけました。堤防《ていぼう》にねころび、ひろい海を見ていると、心がおちつくのです。

（海はいいなあ。先生になれないなら、いっそ海ではたらく船員《せんいん》になろう。）

と、ジョンの気もちはきまりました。

十五歳《さい》で学校をやめたジョンは、小さな貨物船《かもつせん》の見習《みなら》いになりました。おこる父とけんかをして、おいだされるように家をでたのです。

「だけど、夢《ゆめ》に見ていたのとはおおちがい。船《ふね》の生活《せいかつ》はきびしいものだったよ。かじをもったら十二時間《じかん》もぶっつづけでやらされて、うでもからだもしびれてしまう。朝から晩《ばん》まで、甲板洗《かんぱんあら》いや炊事《すいじ》、つかいばしりにこきつかわれて、海を見るまもないほどだったなあ。でも、おやじとけんかして家をでたんだから、家へはかえれないし、がんばるしかなかった。」

と、ジョンは語《かた》ります。

歯《は》をくいしばってたえた一年後《ご》、ようやく三等航海士《とうこうかいし》の『船員手帳《せんいんてちょう》』がもらえたうれしさ。ジョンは船《ふね》に乗《の》りこむ一員《いちいん》としてみとめられたのです。

それからヨーロッパをめぐるいろいろな船《ふね》に乗《の》りこみ、経験《けいけん》をつんで、二十歳《さい》のときにはむずかしい一等航海士《とうこうかいし》の試験《しけん》に合格《ごうかく》しました。

「わかく見られるのがいやでね。ヒゲをはやし、酒《さけ》もたばこも、おとなのやることは、なんでもやっていたなあ。」

ジョンは、世界《せかい》の海をまわる船乗《ふなの》りになって、かつやくするようになりました。しかし、海はだんだんすがたをかえていきました。

世界《せかい》の海には毎日《まいにち》、三千せきをこえるタンカーが航海《こうかい》しています。石油《せきゆ》を世界じゅうに運《はこ》ぶための海の輸送《ゆそう》パイプです。タンカーの事故《じこ》で石油《せきゆ》が海にもれると、あっというまに海の表面《ひょうめん》を石油《せきゆ》がおおい、魚《さかな》が死《し》にたえ、鳥も動《どう》物《ぶつ》も生きていけなくなります。

油《あぶら》はいちばんの海の敵《てき》です。それなのに、廃油《はいゆ》を海にすてたり、オイルタンクを海であらう船《ふね》もありました。

「スペインの海では、五百万頭《とう》ちかくもイルカがいたんだ。いつも船《ふね》のまわりを泳《およ》いでいて、イルカにあうのがたのしみだった。それがあっというまに見えなくなった。地中海《ちちゅうかい》では、それまでたくさんいたカメを見かけなくなっていったんだ。のんびり泳《およ》ぐ動物《どうぶつ》たちに出あうのは、ぼくのたのしみだったんだよ。動物《どうぶつ》のいない海は、ひんやりとつめたい感《かん》じでね。これでいいんだろうか。いつも疑問《ぎもん》だった。」

二十六歳《さい》のわかさで、ジョンは船長《せんちょう》になりました。これからは自分《じぶん》の思いどおりに船《ふね》を動かし、航海《こうかい》できるのです。

「たった二十六歳《さい》の船長《せんちょう》か。すごいなあ。うらやましいもんだ。」

「がんばれよ。」

という周囲《しゅうい》のおどろきやはげましの声に、笑顔《えがお》でこたえながらも、ジョンは自分《じぶん》のしごとに迷《まよ》いを感《かん》じだしていました。

「子どものころから、海が大すきだった。でも、しごととなれば、時間《じかん》や経費《けいひ》を節約《せつやく》するために、海に廃油《はいゆ》をすてることもあるのが現実《げんじつ》だからね。海を

ジョン船長《せんちょう》がやさしく語《かた》りかけると、あばれていたアザラシもだんだんおとなしくなります。

よごす側《がわ》にいていいんだろうか？　いやだ、そう思ったとき、ぼくは決心《けっしん》した。船長《せんちょう》としての技術《ぎじゅつ》をいかしながら、自然保護《しぜんほご》のためにつくすことを一生《いっしょう》のしごとにしようとね。」

レイニーと出あったのは、ジョンが監視船《かんしせん》に乗《の》って二年めのことでした。ジョンは、専門《せんもん》の教育《きょういく》をうけたわけでもないのに、だれよりもアザラシの病《びょう》気《き》にくわしくなっているレイニーに感動《かんどう》しました。

動物《どうぶつ》のせわをするときのレイニーはしんけんで、けっしていいかげんなことはしません。レイニーにとっては、人間《にんげん》の生活《せいかつ》も動物《どうぶつ》の健康《けんこう》やしあわせも、おなじようにとうといのです。

レイニーの生きかたは、ジョンの心をあかるくしました。いままで自分《じぶん》の生きかたを、ほんとうにわかってくれる人はなかなかいませんでした。みんなが、

「そりゃあ、自然保護《しぜんほご》は、だれかがやらなくてはならないことだけど。だけ

どきみは、なんでそんな地味《じみ》なしごとをやる気になったのだい？」

ときくのです。

しかし、ジョンとおなじ思いで、毎日《まいにち》、コツコツと動物《どうぶつ》のせわをしている人がいたのです。ジョンは、尊敬《そんけい》できる先輩《せんぱい》を見た思いでした。

レイニーもおなじでした。きずついたアザラシがつれてこられるのをまっているだけではなく、パトロールして、よわったアザラシを見つけて積極的《せっきょくてき》に保護《ほご》しよう、というジョンのことばは、レイニーを感動《かんどう》させました。

ひとりだけではものずきだと思われる行動《こうどう》も、ふたり、そして三人というふうにふえていけば、社会《しゃかい》もみとめるようになっていきます。ジョンのかつやくで、よわったアザラシは早《はや》めに病院《びょういん》につれてこられるようになり、なおるのもはやく、海にかえすアザラシもふえていきました。

レイニーたちの活動《かつどう》はますます評判《ひょうばん》になり、病院《びょういん》を大きくすることができたのでした。

7　わたしがここの医師《いし》になります

アザラシ・リハビリテーション研究《けんきゅう》センターの完成《かんせい》は、ひろく知られるようになり、ワッデン海《かい》だけでなく、ヨーロッパのあちこちから、病気《びょうき》のアザラシが運《はこ》ばれてくるようになりました。一九八〇年には一年間で、百五頭《とう》ものアザラシが入院《にゅういん》しています。

そこで、スタッフの増加《ぞうか》が必要《ひつよう》になってきました。どうしても必要《ひつよう》なのは専門《せんもん》の獣医《じゅうい》でした。

「センターができたのに、獣医《じゅうい》なしなんて。専門家《せんもんか》がいないと、センターはちゃんと発展《はってん》していかないわ。でも体力《たいりょく》があって、アザラシがすきで、しかも安《やす》い給料《きゅうりょう》でがまんしてくれる人。そんな人はなかなかいないわよね。」

レイニーは頭をかかえて、アニタにいいました。

小さいころから、お母《かあ》さんのルーシーにつれられてレイニーのところにきていたアニタは、中学生になると、自分《じぶん》から手つだいにくるようになりました。はじめはすこしこわがっていたアニタも、だんだんアザラシがすきになり、高校《こうこう》を卒業《そつぎょう》すると、センターの職員《しょくいん》になったのです。

「このあいだ、レイニーさんが新聞《しんぶん》で、獣医《じゅうい》さんにきてほしいってうったえたでしょ。きっと、だれかきてくれますよ。」

と、アニタがなぐさめます。

「ものずきな人もおおいんだから。」

「まあ、そうね。わたしとアニタというものずきもいることだし。」

と、ふたりはわらいあいました。

その数日後《すうじつご》。一本の電話《でんわ》がはいりました。獣医《じゅうい》を希望《きぼう》する人からで、センターを見学《けんがく》させてほしいというのです。レイニーとアニタも、とびあがってよろこびました。

「わたしはベドダー・リースです。」

やってきたのは、わかい背《せ》のたかい女性《じょせい》でした。

「レイニーさんですね。お名まえは知っていましたけれど、はじめまして。」とさしだす手を、レイニーはしっかりにぎりました。健康《けんこう》そうな顔にはやさしい目がかがやいています。話す声はおだやかで、手はやわらかかくあたたかでした。

レイニーはひと目で、このリースという女性《じょせい》が、ひかえめだけれど、つよい情熱《じょうねつ》をもっている人だと感《かん》じました。

「自然《しぜん》のなかにいる動物《どうぶつ》がすきで、獣医《じゅうい》になろうとまなんできました。いまは春休《はるやす》みですけど、六月には卒業《そつぎょう》です。でも、いざしごとをきめようとすると、ペットの動物《どうぶつ》の医者《いしゃ》か、動物園《どうぶつえん》の医者になるしか道がなくって、それはどうも自分《じぶん》にあわないなあ、と思っていたんです。ここの活動《かつどう》は、アザラシの病気《びょうき》をなおして、自然《しぜん》のなかにかえそうとするもので、とても興味《きょうみ》をひかれたんです。」

リースは、ここで一月《ひとつき》ほどはたらかせてもらえないか、とたのみました。

「ええ、いっしょにやってみましょう。きっと気にいってもらえると思うわ。」

と、レイニーは笑顔《えがお》でいいました。

「でも、ここは、まわりは畑《はたけ》ばかり。わかい人がたのしむような場所《ばしょ》もないし、それにお給料《きゅうりょう》も安《やす》いの。」

アニタは「またー、そんなことをいって。」というように、レイニーをにらみます。でもリースは、しっかりといいました。

「知っていますわ。でもわたしは、自分《じぶん》がうちこめるしごとをさがしているんです。」

「では、善《ぜん》はいそげよ。さっそく案内《あんない》するわ。」

「ええ、おねがいします。」

小柄《こがら》なレイニーと大柄《おおがら》なリースは、肩《かた》をならべて、病室《びょうしつ》へとむかいました。


「さいしょに感動《かんどう》したのは、アザラシってこんなにかわいいものなのか、というおどろきでした。ぱっちりした目、人なつこい性質《せいしつ》。赤ちゃんにえさをやっているレイニーのところに、べつの赤ちゃんアザラシがやってきて、レイニーのおしりをチュッチュッとつっついているんです。レイニーがお母《かあ》さんだと思っているのね。お乳《ちち》をのんでいるつもりなんでしょう。

こんなふうに動物《どうぶつ》との関係《かんけい》がもてたら、どんなにすばらしいかと思ったのよ。それに、ここにはわたしがはたらくのをまっていてくれる人びとと、動《どう》物《ぶつ》がいたんですもの。」

とリースは、そのときのことを語《かた》ります。

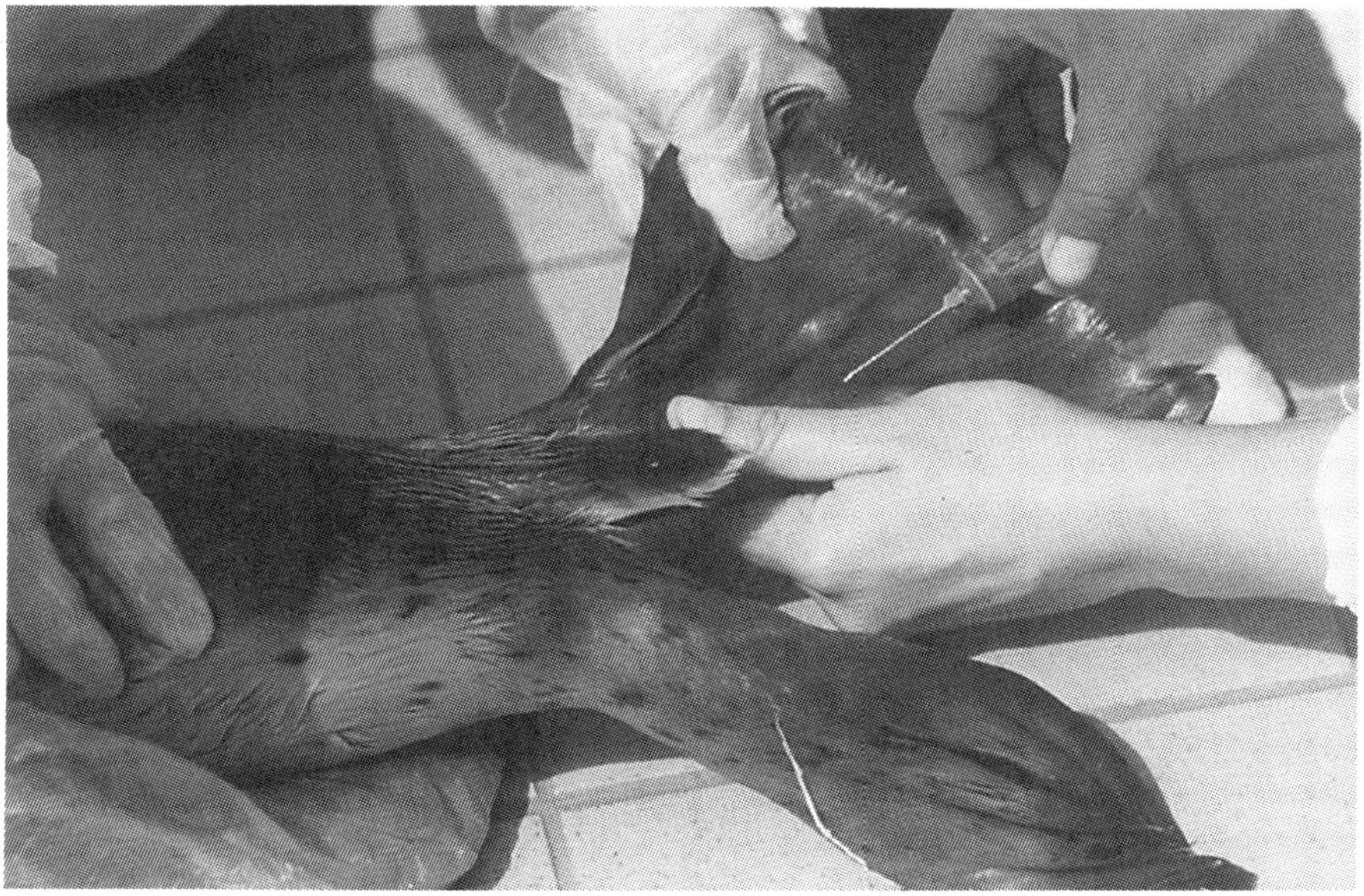

検査《けんさ》のためにアザラシの血《ち》をとるリース医師《いし》。

体重《たいじゅう》20キログラムをこすアザラシを自由《じゆう》にあつかう看護係《かんごがかり》のアニタ。

父が動物《どうぶつ》ずきで、少女《しょうじょ》のころから父といっしょに、自然観察《しぜんかんさつ》をしたり、動物とあそんで育《そだ》ったリースです。それまで、アザラシにふれる機会《きかい》がなかったリースですが、センターでくらすあいだに、アザラシがすっかりすきになってしまいました。

リースは、ペットの獣医《じゅうい》になった同級生《どうきゅうせい》の半分《はんぶん》にもならない給料《きゅうりょう》にもかかわらず、この病院《びょういん》にくることに心をきめました。

リースはレイニーを見習《みなら》って、アザラシのあつかいかたをおぼえていきました。とくに、食欲《しょくよく》もなくよわっている赤ちゃんにチューブで食事《しょくじ》をさせるのは、たいへんでした。赤ちゃんをおさえこむこつから、話しかけて安心《あんしん》させるやりかたまで、リースはレイニーのやりかたをじっくり観察《かんさつ》して、自分《じぶん》のものにしていきました。

「動物《どうぶつ》と心がつうじるのって、けっきょく、愛《あい》しかないんですね。なんていうのか、人間《にんげん》が動物よりえらいという気もちがあったらだめなんです。よくいいあらわせないですけれど、たすけてやるとか、かわいがってやるとかいうのでなく、いま、わたしとあなたはとてもたいせつなことをしているの。いっしょにやりましょうね、というような気もちかしら。それが動物《どうぶつ》にもつたわるみたいなの。そういうことって、頭でわかっていてもなかなかできないものです。

わたしはレイニーという人がいたから、レイニーの情熱《じょうねつ》を知っていたから、その感覚《かんかく》がつかめたんだと思います。」

と、リースはいいます。

こうしてレイニーは、ふたりの力づよい味方《みかた》をえたのです。海へでてアザラシを保護《ほご》してくれるジョンと、センターで医師《いし》としての専門《せんもん》の知識《ちしき》でささえてくれるリースと。

それに、いまではベテランの看護《かんご》がかりとなったアニタの力も、大きなものでした。

寄付《きふ》あつめや、政府《せいふ》や自治体《じちたい》との交渉《こうしょう》、国際的《こくさいてき》な自然保護《しぜんほご》へのうったえかけ、研究者《けんきゅうしゃ》との交流《こうりゅう》など、からだがいくつあってもたりないほどいそがしいレイニーをたすけて、アニタは、センターのしごとをしっかりまもっています。

「はじめのうちはかまれそうでこわかったアザラシも、三年ほどつきあっているうちに、もうかわいくなってしまって。苦労《くろう》はおおいけれど、やりがいのあるしごとよ。」

と、アニタはいいます。

いまでは、二十キロもあるアザラシのしっぽをもって、水槽《すいそう》から自由《じゆう》に出《だ》しいれができる、アザラシの〝おねえさん〟です。えさをやるのもとてもじょうずで、ボランティアのわかい人を指導《しどう》するかかりにもなっています。アニタは二十五歳《さい》。結婚《けっこん》したいまも、このセンターでのしごとを、一生《いっしょう》のしごととしてはたらいていく、と語《かた》っています。

8　毎日《まいにち》が冒険《ぼうけん》——ジョン船長《せんちょう》

海であそぶアザラシを見るのはたのしいものです。水のなかですいすい泳《およ》いで、魚《さかな》をとってたべたり、砂州《さす》にあがってのんびりひなたぼっこをしているアザラシを見ると、人間《にんげん》は海水浴《かいすいよく》のたのしさを思いだします。

「アザラシみたいに海で自由《じゆう》に泳《およ》げたらいいだろうなあ。」

でも、まぢかでアザラシを見ると、いっしょに泳《およ》いでみようという人は、あまりいないでしょう。アザラシはからだも大きいし、力もつよく、キバもある動物《どうぶつ》で、ちかくにいると、やはりおそれを感《かん》じます。あばれたら、おとなでもとてもたちうちできないでしょう。それに、水のなかのアザラシは、泳《およ》いでいる魚《さかな》を、またたくまにつかまえるほど、すばしこいのです。

それでは、どうやってきずついたアザラシを海からセンターに運《はこ》んでくるのでしょう。ジョン船長《せんちょう》が苦心《くしん》のすえにうみだした方法《ほうほう》があるのです。

その秘密《ひみつ》を、船長《せんちょう》の航海日誌《こうかいにっし》からのぞいてみましょう。


七月十九日、くもりときどき薄日《うすび》。

午前《ごぜん》八時、助手《じょしゅ》のアンドレーと出港《しゅっこう》。約《やく》一時間《じかん》で、沖《おき》の砂州《さす》につく。三十頭前後《とうぜんご》のアザラシを双眼鏡《そうがんきょう》で観察《かんさつ》。みんな元気《げんき》そうなので、つぎのスポットにむかう。そのとちゅう、小さな砂州《さす》に一頭《とう》だけポツンとしているアザラシを見かける。背中《せなか》をまるめてほとんど動かない。

どうやらよわっているようだ。船《ふね》をとめ、アンドレーの運転《うんてん》するモーターボートで遠《とお》まわりしながら、浅瀬《あさせ》にちかづく。アザラシは警戒心《けいかいしん》がつよい。音をたてたり、けはいを感《かん》じさせてはいけない。ボートの上でウェットスーツに着《き》がえ、みずぎわにうつぶせになって、しばらくようすを見る。

二歳《さい》ぐらいのおとなのアザラシだが、ふつうよりかなりやせている。アンドレにあいずして網《あみ》をもってこさせる。とくべつにつくった網《あみ》で、三メートルの棒《ぼう》二本のあいだに網《あみ》がはってある。アザラシに網《あみ》をかけ、すばやく一本の棒《ぼう》をアザラシの下をくぐらせる。二本の棒《ぼう》をあわせてもつと、アザラシは網《あみ》からぬけだせない。そのまま、ふたりでかついで運《はこ》べるようになっている。

つかまえたアザラシはにげだす体力《たいりょく》はないが、それでもかなりはげしくあばれまわる。

やっとモーターボートから船《ふね》へと運《はこ》びあげる。港《みなと》へかえるとちゅう、海水《かいすい》をかけてやり、よびかけるが、うなり声《ごえ》をあげておこりつづける。無線《むせん》で連《れん》絡《らく》をとり、港《みなと》にむかえにきていたレイニーとリースにひきわたす。

センターからの連絡《れんらく》では、体重《たいじゅう》が二十四キロしかなく、肺《はい》から回虫《かいちゅう》(寄生《きせい》虫《ちゅう》の一種《いっしゅ》)のような虫をはいたという。この海域《かいいき》でよく見かける、海水《かいすい》のよごれからくる一種《いっしゅ》の公害病《こうがいびょう》と思われる。

午後《ごご》三時間《じかん》、浅瀬《あさせ》と堤防《ていぼう》を巡回《じゅんかい》する。きょうは、アザラシの死体《したい》や、からだがよわってうちあげられているアザラシはなし。プラスチックや発泡《はっぽう》スチロールのゴミがあいかわらずおおい。


七月二十三日　くもり。

生後《せいご》二〜三週間《しゅうかん》の動きのにぶいアザラシを発見《はっけん》。船《ふね》を砂州《さす》から五百メートルほど沖《おき》にとめ、海岸《かいがん》づたいにはらばいになりながらちかづく。五十メートルほどのところから、いっきに全速力《ぜんそくりょく》ではしる。

赤ちゃんアザラシの背中《せなか》に馬乗《うまの》りになって、両足《りょうあし》でしっかりかかえこむ。両手《りょうて》でするどいキバをもつ口をおさえこんだ。アザラシはひっしにもがけてのがれようとする。そうとうな力が必要《ひつよう》だ。

耳もとでやさしく、さとすように話しかける。抵抗《ていこう》は五分ほどつづくが、

棒《ぼう》のついたあみでたくみにアザラシを保護《ほご》するジョン船長《せんちょう》(左)と助手《じょしゅ》。

保護《ほご》してきたアザラシをレイニー(左)とリース(右)にひきわたすジョン船長。

片手《かたて》が口をおさえつけながら、もういっぽうの手で頭や首《くび》をなでると、目をつむりうっとりした表情《ひょうじょう》になる。

なんといっても、まだ赤んぼうなのだ。

保護《ほご》には、タイミングと力も必要《ひつよう》だが、なによりもやさしさを声や手で表《ひょう》現《げん》して、おちつかせることがたいせつだろう。あばれさせたり、おこらせつづけると、よわっている体力《たいりょく》をよけいにおとろえさせることになる。


ジョン船長《せんちょう》は、海をパトロールしてまわりながら、よわったアザラシを見つけると、大きなアザラシは網《あみ》で保護《ほご》し、小さなアザラシは馬乗《うまの》りになって格闘《かくとう》するという、たいへんな冒険《ぼうけん》をいつもしているのです。このようにしてアザラシをきずつけず保護《ほご》できるのは、ジョンをおいてほかにはいません。

そのあいだにも、記録《きろく》をのこすために写真《しゃしん》をとり、アザラシの保護《ほご》をうったえるために、あちこちへでかけていってスライドを映《うつ》し、話をします。海

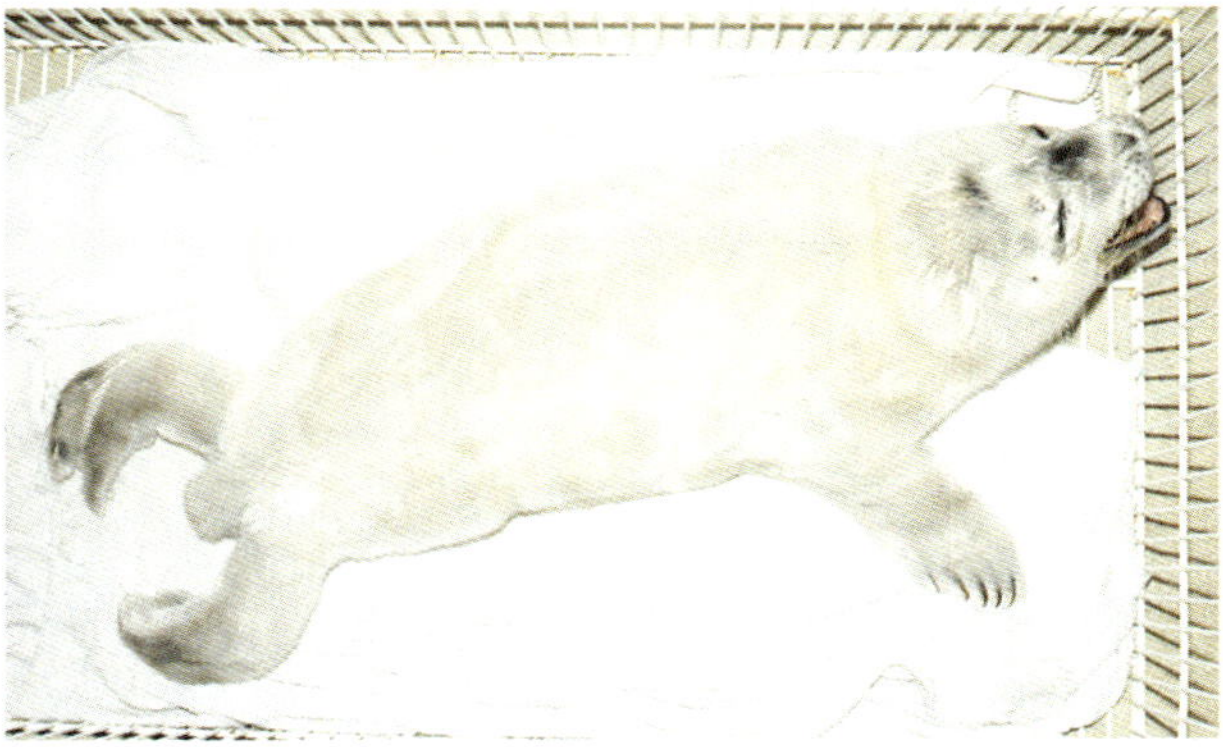

▲► よごれた海《うみ》のために病気《びょうき》になったり、未熟児《みじゅくじ》でうまれるアザラシがふえています。
（撮影／ジョン・デ・ボーア）

▲ 生《う》まれてから約《やく》一か月で、母親《ははおや》（前）の半分《はんぶん》くらいの大きさになったアザラシの赤ちゃん。

▲すっかり健康《けんこう》になって、エサをもらいにあつまってきたアザラシたち。

▲病気《びょうき》で目が見えなくなったアザラシ
◀つぶらなひとみが愛《あい》らしい健康《けんこう》なアザラシ。

▲いろいろなしせいでねむるアザラシたち。
（撮影／ジョン・デ・ボーア）

▲アザラシの体重《たいじゅう》をはかる看護係《かんごがかり》のアニタ。しごとを見学者《けんがくしゃ》に見てもらうのも、センターのたいせつなしごとです。

▲きびしい冬《ふゆ》の寒《さむ》さから病気《びょうき》のアザラシをまもるため、赤外線《せきがいせん》の暖房器《だんぼうき》がとりつけられています。

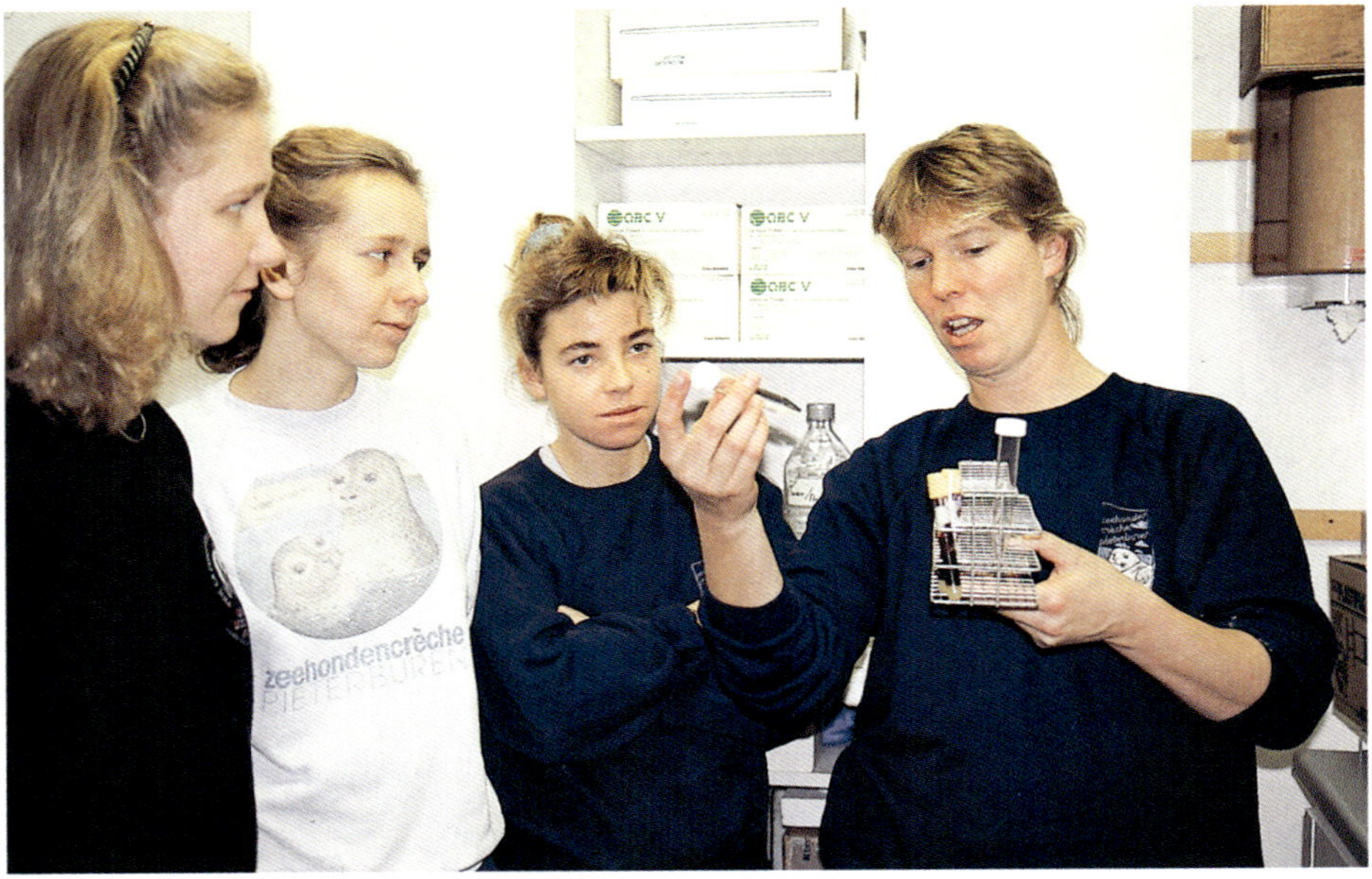

▲リース（右はし）は、センターのたのもしい獣医《じゅうい》です。

►環境《かんきょう》保《ほ》護《ご》船《せん》のジョン船長《せんちょう》のおかげで、たくさんのアザラシがたすけられました。

▲やさしくアザラシをだくレイニー所長《しょちょう》。世界一《せかいいち》のアザラシ病院《びょういん》は、レイニーの小さな動物病院《どうぶつびょういん》からはじまりました。

の冒険談《ぼうけんだん》をまじえながら、自然《しぜん》や動物《どうぶつ》の保護《ほご》をうったえるジョンは、子どもたちの人気者《にんきもの》です。

四十七歳《さい》のジョンはひとりでくらしています。ジョンには以前《いぜん》、心から愛《あい》しあう女性《じょせい》がいました。ふたりは結婚《けっこん》したいと思いましたが、その女性《じょせい》はしごとのつごうで、アムステルダムをはなれることができず、ピーターブレーンにきて生活《せいかつ》するのは無理《むり》でした。ふたりは何度《なんど》も話しあい、とうとう結婚《けっこん》をあきらめました。センターにとっても、ジョンのかわりができる人はいなかったのです。

ジョンは、ここにとどまってアザラシの保護《ほご》のしごとをするのが、生涯《しょうがい》のしごとだときめ、家庭《かてい》をもつという夢《ゆめ》をすてたのです。

ジョンは質素《しっそ》なへやで、自分《じぶん》で手ぎわよく料理《りょうり》をつくりながらいいます。

「ぼくには、アザラシという子どもがいっぱいいるし、ぼくのことをわかっておうえんしてくれる人が、世界《せかい》じゅうにいるんだ。さびしいことはないね。」

9　悪夢《あくむ》のような大量死《たいりょうし》

アザラシセンターが完成《かんせい》して九年め、スタッフもふえ、センターの活動《かつどう》が世界的《せかいてき》に知られるようになった一九八八年の春のことです。北海沿岸《ほっかいえんがん》のあちこちから、センターにつぎつぎと、不吉《ふきつ》なニュースがはいってきました。

「デンマークで、アザラシの変死《へんし》がつづいている。」

「ドイツで、堤防《ていぼう》におおくのアザラシの死体《したい》がうちあげられた。」

センターのなかでは、緊急《きんきゅう》の会議《かいぎ》がひらかれました。

「ワッデン海《かい》では、まだなにも報告《ほうこく》されていないけれど、なにかおそろしいことがおこったのではないかしら。」

レイニーが心配《しんぱい》そうにいいました。

「やはり海の汚染《おせん》でしょうか。だったら、ここもあぶないわ。海は世界《せかい》じゅうつづいているんですもの。」

リースが顔をくもらせます。

「とりあえずパトロールを強化《きょうか》して、異常《いじょう》を早《はや》めに見つけよう。」

ジョン船長《せんちょう》がいいました。

五月にはいると、わるい予感《よかん》は現実《げんじつ》のものとなってきました。

「堤防《ていぼう》に目の赤く充血《じゅうけつ》したアザラシの死体《したい》があがった。どうもようすがおかしい。」

ジョン船長《せんちょう》の無線《むせん》がレイニーのところにはいったのは、五月のすえごろでした。翌日《よくじつ》からつぎつぎと、海岸《かいがん》や堤防《ていぼう》にアザラシの死体《したい》があがりはじめました。そして、それまで見たこともない重症《じゅうしょう》の赤ちゃんアザラシが、センターに運《はこ》ばれてきました。

とうとうワッデン海《かい》にも、異常事態《いじょうじたい》がおこったのです。ジョン船長《せんちょう》は、助手《じょしゅ》のアンドレーとともに船《ふね》にとまりこみ、アザラシの救助《きゅうじょ》にあたりはじめました。

高い熱《ねつ》をだし、ゼイゼイとあらい呼吸《こきゅう》をするアザラシ。肺炎《はいえん》をおこしているもの、はきけやげりのひどいもの、さまざまの症　状《しょうじょう》がまざった息《いき》もたえだえのアザラシが、どんどん運《はこ》びこまれます。こんなにおおくのアザラシが、一度《ど》に運《はこ》ばれてきたことはありませんでした。

回虫《かいちゅう》のような虫をはくものもいましたし、からだの外がわにきずをおい、それが全身《ぜんしん》にひろがっているものもいました。目が赤く充血《じゅうけつ》したもの、白くにごってしまったものも見られました。どれもかなりからだがよわっているらしく、体力《たいりょく》のない赤ちゃんから、どんどん死《し》んでいきます。

ジョン船長《せんちょう》が海でパトロールしていると、水にもぐれなかったり、ひどいものは泳《およ》ぎをわすれてしまったのか、おぼれかかっているアザラシも見られ、

北海沿岸《ほっかいえんがん》に、つぎつぎにアザラシの死体《したい》がうちあげられはじめました。

撮影／ジョン・デ・ボーア

死《し》んだアザラシは、伝染病《でんせんびょう》をおそれて、毎日《まいにち》のように浜《はま》で焼《や》かれました。

撮影／ジョン・デ・ボーア

びっくりしました。

その報告《ほうこく》をきいて、リースはいいました。

「脳《のう》の神経《しんけい》がやられているんだわ。からだの免疫《めんえき》の機能《きのう》もおどろくほどおとろえている。いままで、こんな病気《びょうき》は見たことがないわ。」

「免疫機能《めんえききのう》がおとろえるというと、人間《にんげん》のエイズのようなものかしら?」

レイニーが不安《ふあん》をおしころし、緊張《きんちょう》した声でいいました。

「リース、なんとかこの病気《びょうき》をくいとめなければ。」

「ええ、レイニー。でも、原因《げんいん》がなんだかわからないんですもの。」

そういっているあいだにも、スタッフから、入院中《にゅういんちゅう》のアザラシのケイとジルのようすが急激《きゅうげき》にわるくなっているというしらせがはいり、ふたりはへやをとびだしました。

病気《びょうき》のアザラシはどんどんふえていき、ジョン船長《せんちょう》は休《やす》むまもなく見まわりました。それでもたりず、警察《けいさつ》や民間《みんかん》の有志《ゆうし》がチームを組《く》み、パトロールをつづけるようになりました。

つぎつぎに運《はこ》びこまれるアザラシで、センターのなかはごったがえしました。

だれもが夜中《よなか》の十二時ごろまではたらき、そのうえ、交代《こうたい》で重症《じゅうしょう》のアザラシの看護《かんご》のために徹夜《てつや》をしました。夜中《よなか》まではたらいて、すこしベッドに横《よこ》になると、すぐまた、よびだしでおこされるという日《ひ》びがつづきました。

アザラシの病気《びょうき》の原因《げんいん》がなかなかつきとめられず、さまざまなうわさがとびかいました。

「リース、おそろしい伝染病《でんせんびょう》かもしれないから、死《し》んだアザラシの死体《したい》は解《かい》剖《ぼう》したら、すぐに焼《や》くことにしたわ。そうしてください。」

「ええ、レイニー、そのほうがいいわ。でも、人手《ひとで》はたりる？」

「なんとか、ボランティアをあつめてみるわ。それよりリース、アザラシの大量死《たいりょうし》は海洋汚染《かいようおせん》のせいというニュースがでたわ。」

「それはおかしいわ。病気《びょうき》の発生《はっせい》が急激《きゅうげき》すぎるし、症状《しょうじょう》もいままでなかったほどひどいものよ。どんなに手当《てあ》てをしても、赤ちゃんがどんどん死《し》んでいくわ。海水《かいすい》の汚染《おせん》だけでなく、ほかにもなにか原因《げんいん》があるのよ。それさえわかればたすけられるのに。ああ、たまらないわ。」

「わたしもおなじよ。リース、気もちをしっかりもってね。」

レイニーは、リースをぎゅっとだきしめて力づけると、すぐに治療室《ちりょうしつ》へとかけだしていきました。

(やはり、レイニーはしっかりしているわ。)

そう思いながら、リースもまたかけだしました。重症《じゅうしょう》のメアリーのようすも、熱《ねつ》があるトムも気がかりです。やることは山のようにありました。

六か月にもならない赤ちゃんのメアリーは、肺炎《はいえん》をおこしていました。注《ちゅう》射《しゃ》をうち、からだをあたためていますが、みるみる力がなくなっていくのがわかります。

「メアリー、がんばるのよ。さあ、もう薬《くすり》がきくころよ。がんばるのよ。」

リースは、メアリーをだきかかえてはげましました。リースの声に、ショボショボと目をあけたメアリーは、また目をとじ、ぐったりと動かなくなりました。

「ああ、メアリー。ごめんね。どうしてたすけてあげていいか、わからないのよ。あなたたちになにがおこったの。教えて。」

リースの目から、ポロポロなみだがこぼれました。


つぎの日、いそがしくはしりまわるレイニーをやっとつかまえて、リースはいいました。

「治療《ちりよう》におわれて、このセンターでは、異常《いじよう》の原因《げんいん》をさぐる時間《じかん》がないわ。このまま、どんどんアザラシが死《し》んでいくのを見るのはたえられない。どこかの専門家《せんもんか》の協力《きようりよく》をたのみましょう。原因《げんいん》をさぐってもらいたいの。」

「そうね。ユトレヒトにある国立免疫生物学研究所がいいかもしれない。」

研究所のオースター・ハンス所長は、世界的な免疫生物学の権威です。レイニーは所長とあったことはありませんでしたが、そんなことをいっているばあいではありません。レイニーは、さっそくハンス所長に電話をしました。

「北海でおこっているアザラシの大量死はごぞんじですね。それで、ぜひお力をかりたいのです。」

レイニーは熱心にたのみこみ、ことの重大性におどろいて、病気のアザラシの血液が研究所におくられました。

ひきうけてくれました。そして、病気のアザラシの血液が研究所におくられました。

ハンス所長は、センターの人びとの昼も夜もない看病を知り、研究所のなかに至急に専門の調査班をつくってくれました。しかし、病気の原因をさぐるには時間がかかります。

病院は、ふだんの三倍以上のアザラシでうめつくされました。病室だけで

118

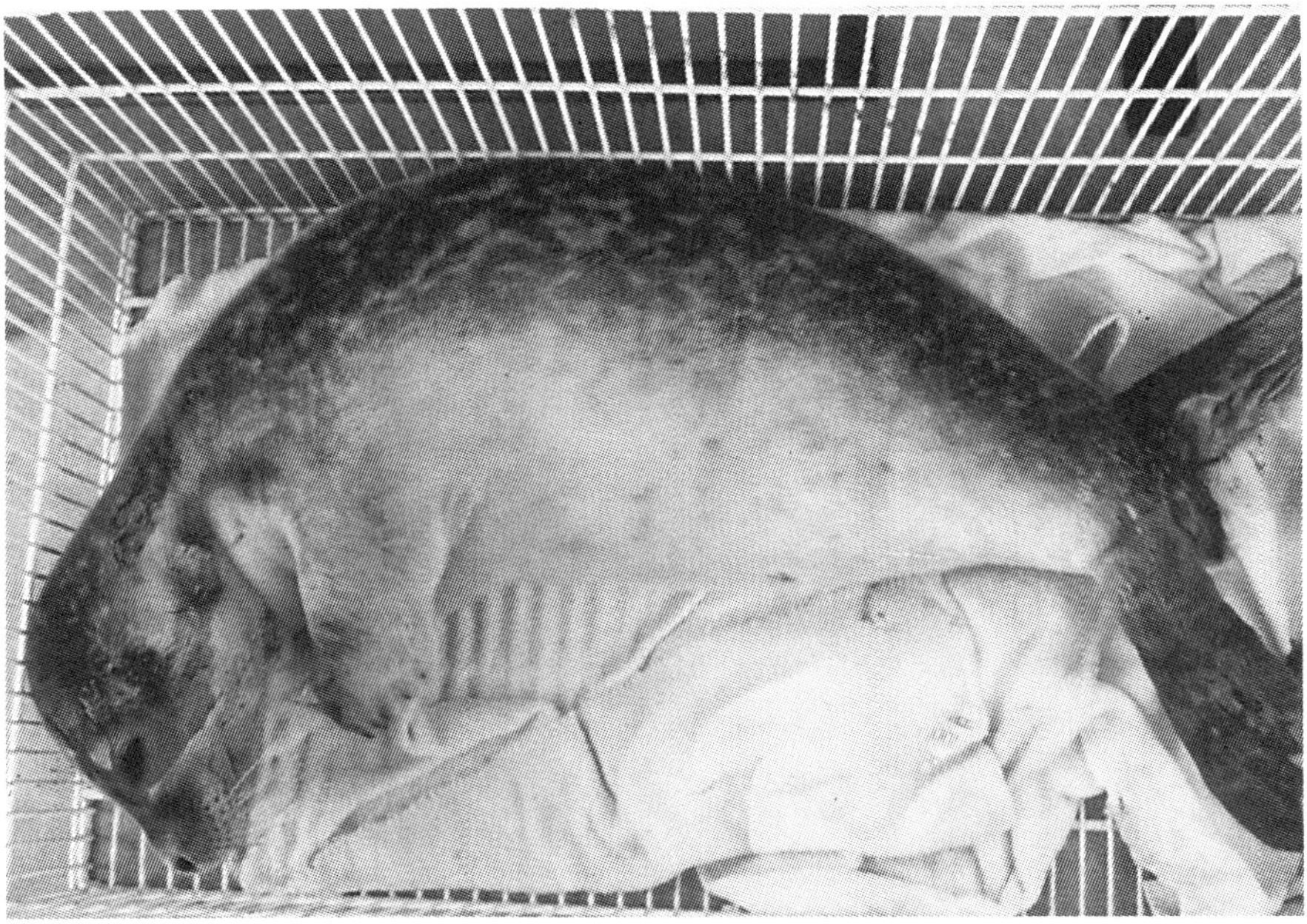

大量死《たいりょうし》の原因《げんいん》がわからないまま、どんどん弱《よわ》ったアザラシがはこびこまれました。

撮影／ジョン・デ・ボーア

はたりず、ろうかにもズラリと水槽《すいそう》がおかれ、げんきのないアザラシがあふれています。消毒《しょうどく》もたいへんですし、病状《びょうじょう》にあわせてえさをつくるのも重労働《じゅうろうどう》でした。

小さな赤ちゃんアザラシから大きなアザラシまで、なすすべもなく、どんどん死《し》んでいきます。どこを見ても、かつてのようにげんきをとりもどしていくアザラシを見ることはできません。かわいらしい動作《どうさ》であそぶアザラシがいた、あのセンターの風景《ふうけい》はうそのようでした。

夏が去《さ》り、秋になっても、運《はこ》びこまれてくるアザラシの数《かず》は、すくなくなりませんでした。だれもがつかれきって、くらい顔でもくもくとはたらいていました。庭《にわ》にはアザラシの死体《したい》を焼《や》く黒いけむりがたなびき、それを見ると、みんな胸《むね》がしめつけられました。

「だいじょうぶ？　すこし休《やす》んだら？　ボランティアの方《かた》が見えたから、交代《こうたい》してね。もうすぐよ。きっといいことがおこるわ。」

レイニーは、くらいセンターの空気《くうき》をすこしでもあかるくしようと、はたらくみんなのあいだをとびまわって、げんきづけていました。

「リース、リース、わかったのよ。原因《げんいん》は、やはりウィルスだったわ。」

レイニーがリースのへやにかけこんできたのは、秋もふかまったころでした。ついに国立免疫生物学研究所《こくりつめんえきせいぶつがくけんきゅうじょ》が、原因《げんいん》をつきとめたのです。アザラシ・ディステンバー・ウィルス（CDP《シーディピー》）というウィルスが、アザラシの大量死《たいりょうし》をひきおこしたのでした。大量死《たいりょうし》がはじまったのが五月のすえですから、原因《げんいん》がわかるまでに、数《すう》か月《げつ》もかかりました。

「犬のディステンバー・ウィルスに似《に》たウィルスですって。」

「ワクチンは？」

「いま、研究所《けんきゅうじょ》がつくってくれてるわ。」

「ああ、うれしい。道がひらけたわ。レイニー、ありがとう。」

レイニーとリースはだきあってよろこびました。そのあと、レイニーはどっといすに腰《こし》をおろしました。

「やっと、くらやみに光《ひかり》がさしたわ。でも、ああ、なんていっぱい死《し》んでしまったのでしょう。」

レイニーは両手《りょうて》で顔をおおいました。

「つらかったのね、レイニー。げんきそうにふるまっていたから、なんて気《き》丈《じょう》なひとだろうと感心《かんしん》していたけれど。こんなにつかれて。」

リースは、レイニーの気もちが手にとるようにわかりました。表面《ひょうめん》では冷《れい》静《せい》にテキパキと指示《しじ》をしていたレイニーですが、心のなかではなきながら、あの黒いけむりを見つめていたのです。

「どんな苦《くる》しみも、いつかおわるわ。やまない雨はないというじゃない？」

自分《じぶん》にもいいきかすように、しずかな声でリースがいうと、やっとレイニーの顔に笑顔《えがお》がもどってきました。

まもなくワクチンがとどきました。それを軽症《けいしょう》のアザラシに注射《ちゅうしゃ》すると、すこしずつですが、効果《こうか》がはっきりとあらわれてきました。

「この子はよわっているけれど、ウィルスには感染《かんせん》していないわ。いそいで母親《ははおや》からはなして、消毒《しょうどく》したへやに隔離《かくり》して。きれいな水をいれて。」

リースは症状《しょうじょう》を注意《ちゅうい》ぶかく見、また血液《けつえき》の検査《けんさ》をして、ウィルスにおかされているアザラシと、そうでないアザラシをわけて、治療《ちりょう》していきました。

しごとの量《りょう》はまた何倍《なんばい》にもふえましたが、だれも文句《もんく》をいう人はいません。つかれきっていてへとへとになりながらも、みんな、なんとかこの悲劇《ひげき》をおわらせなくては、とひっしな思いだったのです。

原因《げんいん》がわかり、ワクチンができたといっても、それで、劇的《げきてき》にたすかるというわけにはいきません。この異常事態《いじょうじたい》でセンターに運《はこ》ばれたアザラシは、翌年《よくねん》の一月までに二百七十五頭《とう》でしたが、そのうちのたった三十五頭《とう》しかたすけることはできませんでした。

その後《ご》の研究《けんきゅう》で、どうしてこの病気《びょうき》がおこったかが、わかってきました。

カナダやグリーンランドにすんでいたハープ・アザラシという種類《しゅるい》のアザラシが、一九八七年ごろから、北海《ほっかい》やバルチック海《かい》に移動《いどう》してくるようになりました。えさにしていたニシンがどんどんすくなくなってきたため、えさをもとめてやってきたのです。

このハープ・アザラシのもってきたCDP《シーディピー》ウィルスが、北海《ほっかい》やバルチック海《かい》にまかれて、病気《びょうき》がひろまったのです。ハープ・アザラシは、もともとからだのなかにCDP《シーディピー》ウィルスをもっていたので、このウィルスに対《たい》する抗体《こうたい》(免疫《めんえき》のもと)ができていて、ウィルスをもっていても、病気《びょうき》になることはありませんでした。

ところが、コモンアザラシやグレーアザラシは、抗体《こうたい》をもっていないので、すぐに病気《びょうき》になってしまい、それがどんどん仲間《なかま》にうつっていったのだと考えられました。

ハープ・アザラシのえさがへったのは、ノルウェー、アイスランド、ロシアなどの漁船《ぎょせん》がカナダやグリーンランド沖《おき》にきて、ニシンを大量《たいりょう》にとるようになったためです。漁業《ぎょぎょう》の発達《はったつ》につれて、大型船《おおがたせん》がこまかい網《あみ》で漁《りょう》をするようになったため、まだ小さい子どもの魚《さかな》まで網《あみ》にかかってしまい、ニシンはどんどんへっていってしまいました。

大量死《たいりょうし》のもともとの原因《げんいん》は、ハープ・アザラシのすみかをうばった人間《にんげん》がつくったものだったのです。

大量死《たいりょうし》の原因《げんいん》の報告《ほうこく》の会《かい》での説明《せつめい》を、ジョン船長《せんちょう》はだまってきいていましたが、立ちあがっていいました。

「なんてこった。ちゃんとすみわけていたアザラシを、人間《にんげん》がいっしょくたにしたために、絶滅《ぜつめつ》の危機《きき》にさらされてしまったんだ。だいたい、つぎの世《せ》代《だい》の子まで根《ね》こそぎとるという、漁《りょう》のしかたがあるものか。そんなことをしたら、もうそこでは魚《さかな》がとれなくなることは、わかりきっているじゃないか。人間《にんげん》も動物《どうぶつ》の一種《いっしゅ》だろう。思いあがりもいいとこだよ。そんな勝手《かって》をしていいのか。」

ジョン船長《せんちょう》は、テーブルをたたいておこりました。

リースもしずかにいいました。

「死《し》んだアザラシを調《しら》べると、からだのなかから、水銀《すいぎん》やカドミウムなどの金属《きんぞく》や、BHC《ビーエッチシー》やDDT《ディディティ》などの農薬《のうやく》、PCB《ピーシービー》やダイオキシンなどの有害物質《ゆうがいぶっしつ》まででてきたのよ。有害物質のせいで抵抗力がよわっていたから、よけいウィルスにまけてしまったの。大量死の直接の原因はウィルスかもしれないけれど、ほんとうの原因は海の汚染だわ。みんなが自分の利益だけにむちゅうになって、農薬や工場の廃水をたれながしにしたせいよ。」

リースの怒りはしずかだけれど、はげしいものでした。へやのなかのみんなにも、それはつたわっていきました。

レイニーはしばらくだまっていましたが、しずかに口をひらきました。

「ジョンやリースのいうとおりよ。ただわたしたちは、ずいぶんたくさんのアザラシをうしなったけれど、できるだけのことをしたわ。心をひとつにして、みんなよくたたかったわ。ありがとう。このことをわすれないようにしましょう。

これからは、こういうことがおきないように、世界にうったえていくしかないのよ。」

127　悪夢のような大量死

レイニーはしずかに、みんなをなぐさめました。

アザラシの大量死《たいりょうし》は、翌年《よくねん》の一月のすえにはようやくおさまりました。けれども、この一年たらずのあいだに死《し》んだアザラシは、イギリス、アイスランドをふくめた北海沿岸《ほっかいえんがん》で、あわせて一万七千頭《とう》にもたっしたのです。

センターでは、生きのこった三十五頭《とう》が日に日にげんきをまし、あそびたわむれるすがたが見えるようになりました。ようやくセンターに、いつものあかるさと活気《かっき》がもどってきました。

アザラシの大量死《たいりょうし》と、それにとりくむセンターの活動《かつどう》は、新聞《しんぶん》やテレビなど、さまざまなマスコミで、世界《せかい》じゅうに報道《ほうどう》されました。センターにはますます見学《けんがく》の人がおおくなり、世界各国《せかいかっこく》から動物学者《どうぶつがくしゃ》や研究者《けんきゅうしゃ》もやってくるようになりました。

レイニーは、展示室《てんじしつ》に、アザラシの大量死《たいりょうし》の記録《きろく》をつけくわえました。

10　なぜアザラシは病気《びょうき》になるの？

一九九〇年、アザラシセンターには、夏休みに六万人、一年間で約《やく》十五万人の人が、オランダだけでなく、ヨーロッパじゅう、世界《せかい》じゅうからやってきました。その後《ご》も年《ねん》ねん、その数《かず》はふえつづけています。きょうもブローニンゲンから小学生が三十人ほど見学《けんがく》にきました。

「みんなは動物《どうぶつ》がすき？」

スタッフのヘイシェ・トレンスがききます。トレンスは見学者《けんがくしゃ》の説明《せつめい》がかりです。

子どもたちは、看護《かんご》がかりにすりよってあまえるアザラシの赤ちゃんや、

のんびり昼寝《ひるね》するアザラシなどを見て、いま、展示室《てんじしつ》にやってきたところです。

「すき。」

「アザラシはとってもかわいい。」

と声があがります。

「そうね。動物《どうぶつ》はほんとうにかわいいわ。それでは、動物と人間《にんげん》は、なかよくくらしていけると思う？」

トレンスの問《と》いかけに子どもたちは、みんなうなずきます。

「ぼくの家にもいっぱい動物《どうぶつ》がいるよ。」

「なかよくしてるよ。」

と、子どもたちはいいます。

「でも、動物《どうぶつ》たちは人間《にんげん》につごうのわるいことをするからといって、つかまえられたり、人間《にんげん》のせいで、生きていくのがむずかしい状態《じょうたい》におかれたりすることがあるのよ。たとえば、いまから四十年ぐらいまえには、アザラシは魚《さかな》をとる網《あみ》をやぶったり、漁《りょう》のじゃまをするからというので、どんどんころされたし、また毛皮《けがわ》が高く売れるというので、そのためにもつかまえられて、数《かず》がへっていったの。

そこで、いまから三十年ほどまえの一九六二年に、アザラシをとることを法律《ほうりつ》で禁止《きんし》しました。だから、アザラシはふえていくはずだったのだけれど、そのころから海の水のよごれがめだつようになり、そのせいで、またアザラシがへってしまったのよ。」

「海がよごれると、どうしてアザラシはへるの？」

「ワッデン海《かい》のまわりには、化学工場《かがくこうじょう》がたくさんあるでしょう。工場で化学《かがく》製品《せいひん》をつくるときには、化学薬品《かがくやくひん》をいっぱいつかいます。そのなかには、人《にん》間《げん》や動物《どうぶつ》のからだに害《がい》のあるものもふくまれているの。それらをすてるときは、きちんと毒《どく》をなくしてからすてなければいけないのに、お金《かね》がかかったり、めんどうだからといって、そのまま水にながしてしまう工場《こうじょう》もあるのよ。水にとけてながされた毒《どく》は、海へいくとプランクトンのからだにたまり、そのプランクトンを魚《さかな》がたべます。魚のからだのなかには有害《ゆうがい》なものがどんどんたまってしまうのね。それをアザラシがたべるので、アザラシのからだがよわくなって、病気《びょうき》にかかりやすくなってしまったの。」

「わたしも魚《さかな》をたべるけど、だいじょうぶなの？」

子どもたちは心配《しんぱい》そうです。

「そうね。でも、人間《にんげん》は直接《ちょくせつ》海の水をのむわけではないし、それに魚《さかな》だけじゃなくって、いろんなものをたべるでしょ。でも、アザラシは魚《さかな》だけしかたべずに、汚染《おせん》された水のなかでくらしているのですもの。有害《ゆうがい》な物質《ぶっしつ》がからだにたまる割合《わりあい》は、人間《にんげん》とはずいぶんちがうのよ。アザラシのほうがずっと危《き》険《けん》なの。わかりますか？」

「はい。」と、子どもたちはうなずきます。

センターには、ヨーロッパ各地《かくち》から見学者《けんがくしゃ》がおとずれるようになりました。

熱心《ねつしん》にトレイス(右はし)の説明《せつめい》をきく子どもたち。ここで、海をまもることを学《まな》びます。

「もちろん、人間《にんげん》はぜったいだいじょうぶ、というわけではないわ。アザラシにわるいものは人間にもわるいの。日本では、水銀《すいぎん》でよごれた海の魚《さかな》をたべて、からだの自由《じゆう》がきかなくなるミナマタ病《びょう》というおそろしい病気《びょうき》がおこったこともあるわ。

放射能《ほうしゃのう》もとてもきけんなもののひとつよ。その放射能が、海にながれて、漁《りょう》をしていた人がたくさん病気《びょうき》になったこともあるの。

だから、アザラシがへってくるということは、人間《にんげん》にとってもおそろしいことなのよ。工場《こうじょう》からきたない水をながさないように、きびしい法律《ほうりつ》ができて、すこしずつ海がきれいになってきてはいるけれど。」

子どもたちは、みんなしんけんな顔をして考えています。

「ワッデン海《かい》のアザラシは、いろいろと保護《ほご》してきたので、これまでは、ふえたりへったりをくりかえしてきたわ。このセンターができて八年ほどたった一九八八年には、アザラシの数《かず》はいちばんすくなかったころの三倍《ばい》、千頭《とう》をこえるようになっていたの。でも、その年におそろしい病気《びょうき》がひろがり、アザラシがどんどん死《し》んでしまいました。さあ、この写真《しゃしん》を見てください。」トレンスの案内《あんない》でつぎのへやに移動《いどう》した子どもたちは、息《いき》をのみました。そこには、波《なみ》うちぎわに死《し》んでうかんだたくさんのアザラシの悲惨《ひさん》なすががあったのです。

あの悪夢《あくむ》のような一九八八年の大量死《たいりょうし》の写真《しゃしん》でした。

人間《にんげん》が自分《じぶん》たちだけのことを考えて、目先《めさき》の利益《りえき》をおいもとめるかぎり、こういう悲惨《ひさん》なできごとが動物《どうぶつ》におこるということを、そのパネルはつたえています。子どもたちは、そのパネルのまえで、じっとたたずんで見ています。

なんだかわからないうちに、ひどい病気《びょうき》になってつぎつぎと死《し》んでいったアザラシたちの、悲鳴《ひめい》がきこえてきそうです。動物《どうぶつ》におこったことが、どうして人間《にんげん》におこらないといえましょう。

「ぼくたちはなにをしたらいいの？」

「どうしたらアザラシをまもってあげられるの？」

子どもたちは、口ぐちにたずねました。

「そうね、わたしたちにできることは、まず、海にゴミをすてないことね。海にすてられたビニールぶくろを、大好物《だいこうぶつ》のクラゲとまちがえて、海ガメがたべてしまったり、ゴミにはいっていたプラスチックの輪《わ》がくちばしにはまって、えさがたべられなくなり死《し》んでしまった鳥《とり》もいるわ。

これまで海は、巨大《きょだい》なゴミすて場《ば》みたいに考えられてきたけれど、これからはもう、それはゆるされないわ。ゴミだけでなく、家でつかっている洗剤《せんざい》にも、海をよごす化学物質《かがくぶっしつ》がはいっているものがあるし、油《あぶら》をそのまま下水《げすい》にすてたら、海にながれて海をよごすことになるわ。〈台所《だいどころ》の流《なが》しは海の入《い》り口《ぐち》〉ってことばがあるけれど、家庭《かてい》のちょっとした注意《ちゅうい》で、ずいぶん海の汚染《おせん》はふせげるはずよ。

それにもちろん、大きな工場《こうじょう》や発電所《はつでんしょ》が海をよごすことはきびしく見はっていかなければならないわ。どんなことが自然《しぜん》や動物《どうぶつ》にとって害《がい》になるのか、勉強《べんきょう》していきましょうね。」

「わかった。」

「はーい。わたし気をつけるわ。」

子どもたちはトレンスの話をきいて、できるだけ自然《しぜん》や動物《どうぶつ》をたいせつにしていこう、と心にちかって、その場《ば》をはなれていきました。


センターには、よく子どもたちの手紙《てがみ》や絵がおくられてきます。

砂浜《すなはま》でアザラシたちが血《ち》をながしていて、空には救助《きゅうじょ》のためのヘリコプターや飛《と》んでいる絵は、小学校四年生の女の子がかきました。海の色は茶色《ちゃいろ》によごれ、画面《がめん》には、「たすけて、たすけて」というアザラシの悲鳴《ひめい》がはいっています。

小学校三年生の男の子の手紙《てがみ》には、

「ぼくがセンターに見学《けんがく》にいったとき、ロージーというアザラシの赤ちゃんが病気《びょうき》でした。このロージーがぼくの夢《ゆめ》のなかにでてきて、ぼくのほうを見て、なにかいいたそうにしていました。いま、ロージーはどうしていますか。すこしだけど、おこづかいのなかからお金《かね》をおくります。ロージーにおいしいものをたべさせてあげて。」

と書かれていました。

そんな絵や手紙《てがみ》はたいせつに保存《ほぞん》されて、別棟《べつむね》のテントにかざられています。

11　世界《せかい》にひろがる活動《かつどう》

アザラシの大量死《たいりょうし》はいっとき、世界《せかい》に海の汚染《おせん》のおそろしさをつたえましたが、それもだんだんわすれられていきました。

夜《よる》のうちとけたパーティーで、アニタがいいだしました。

「大量死《たいりょうし》のあったときは、看護《かんご》もたいへんだったけれど、取材《しゅざい》の記者《きしゃ》がおおぜいきて、その応対《おうたい》もまたたいへんだったわね。いまは、しずかになってほっとしているわ。」

リースがうなずいて、

「でも、大量死《たいりょうし》のほんとうの原因《げんいん》はそんなに報道《ほうどう》されなかったわね。アザラシがたくさん死《し》んだということはおぼえているけれど、それが、世界的《せかいてき》な規《き》模《ぼ》の魚《さかな》のとりすぎが原因《げんいん》らしいということは、みんなの印象《いんしょう》にのこっていない気がするの。」

と、ためいきをつきました。そのリースを見ながらレイニーがいいました。

「あれから世界《せかい》は大きくかわって、あちこちで戦争《せんそう》や革命《かくめい》がおこったわ。人《にん》間《げん》は人間どうしのニュースにはびんかんなの。人間どうしの悲惨《ひさん》さのまえには、自然《しぜん》や動物《どうぶつ》の問題《もんだい》はうすれてしまう。それはしかたのないことね。

でも、わたしたちは知っているわ。いま、地球《ちきゅう》の海も陸《りく》も、かつてないほどの危機《きき》にみまわれている。人間《にんげん》だけが安全《あんぜん》でいられるはずがないことをね。」

「このあいだも、旧《きゅう》ソ連《れん》が北極《ほっきょく》海《かい》にすてた放射性廃棄物《ほうしゃせいはいきぶつ》が原因《げんいん》で、数《すう》千頭《とう》のアザラシが死《し》んだらしい、というニュースがあったわ。タンカーの事故《じこ》もしょっちゅうだし、わたしたちの知らないところで、いまも人間《にんげん》のために、なんの抵抗《ていこう》もできないで、アザラシが死《し》んでいるのよ。」

とリース。

「そう、わたしたちがきいたアザラシの悲鳴《ひめい》は、人間《にんげん》への警告《けいこく》よ。みんなで自然《しぜん》を回復《かいふく》しようと努力《どりょく》しなくては、わたしたちの命《いのち》も危険《きけん》にさらされるのに。」

とレイニー。

「取材《しゅざい》がなくなるとらくだけれど、わたしたちの気もちがつたわっていかないのもいやだわ。」

とアニタがいうと、レイニーがわらっていいました。

「そんな顔しないで、アニタ。わたしたちがこのしごとをつづけていれば、わたしたちの感《かん》じていることは、きっとみんなにつたわるわよ。まず行動《こうどう》、そのあとで理解《りかい》よ。」

「まあ、レイニーならではのことば。」

とリースがちゃかすと、みんなで大わらいになりました。レイニーはたったひとりでアザラシの治療《ちりょう》をはじめ、世界的《せかいてき》なセンターに育《そだ》てあげてきたのです。一頭《とう》をすくうことに全力《ぜんりょく》をつくす、その行動《こうどう》が人びとの理解《りかい》をえて、ここまで野生《やせい》のアザラシの保護《ほご》をすすめることができたのです。

「レイニー、ってほんとうに力づよい。とてもあなたのようにはなれないわ。」

とアニタがいうと、

「あーら、このあいだ子どもたちに、〝動物《どうぶつ》の問題《もんだい》は人間《にんげん》の問題です〟っていったの、だあれ？　すごく情熱的《じょうねつてき》でしたよ。アニタ。」

と、レイニーはわらいます。

「まあ、いやあね。からかわないで。」

「からかってなんかいないわ。わたしたちはみんなおなじなのよ。ね。みんなアザラシが大すきなんだもの。」

そのレイニーのことばで、みんなわらいさざめいて、おやすみをいいあい

ひとしごとおえて、ほっとくつろぐセンターのスタッフたち。

ボランティアの若者《わかもの》にしごとをおしえるアニタ。小さいときからセンターに来ていたアニタは、もうすっかり一人前《いちにんまえ》です。

ました。

自然保護《しぜんほご》の関心《かんしん》がたかまるにつれ、このセンターの役割《やくわり》には、アザラシを治療《ちりょう》し、海にかえす運動《うんどう》のほかに、アザラシの動物学的研究《どうぶつがくてきけんきゅう》や、国際的《こくさいてき》にアザラシの救助《きゅうじょ》をたすける活動《かつどう》もくわわってきました。

いままでこれほどおおくのアザラシをなおした病院《びょういん》はなく、センターは、世界一《せかいいち》のアザラシの専門家《せんもんか》を育《そだ》てていました。

世界《せかい》の海には現在《げんざい》、十九種類《しゅるい》、二千万頭《とう》以上のアザラシがいるといわれています。日本の近海《きんかい》にも、五種類《しゅるい》、約《やく》五千頭《とう》のアザラシがいますが、その数《かず》は年《ねん》ねん少なくなっています。

アザラシをむかしのように、げんきに海で泳《およ》がせるためには、世界《せかい》じゅうのアザラシの状態《じょうたい》を知り、どんな物質《ぶしつ》が、どういうふうに海をよごし、アザラシに影響《えいきょう》をあたえるのかを知ることが必要《ひつよう》です。

アザラシと環境《かんきょう》の関係《かんけい》の研究《けんきゅう》は、センターと国立《こくりつ》の研究所《けんきゅうじょ》がいっしょにすすめています。たとえば、アザラシをふたつの群《む》れにわけて飼《か》い、ひとつの群《む》れにはきれいな海でとれた魚《さかな》をえさとしてあたえ、もうひとつには、バルチック海《かい》のよごれた海域《かいいき》でとれた魚をえさとしてあたえて、からだの免疫《めんえき》の状態《じょうたい》をくわしく調《しら》べるという研究《けんきゅう》です。

よごれた海の魚《さかな》をたべつづけると、ばいきんやウィルスからからだをまもる力《ちから》である免疫《めんえき》の機能《きのう》がこわされていくのではないか、ということを調査《ちょうさ》しているのです。

このくわしい研究《けんきゅう》がすすめば、ワッデン海《かい》だけでなく、世界《せかい》じゅうのアザラシがなぜ病気《びょうき》にかかりやすくなったかがわかり、どうまもっていくか、もっといい方法《ほうほう》が見つかるにちがいありません。

センターには、外国《がいこく》からのSOS《エスオーエス》もはいるようになりました。世界《せかい》じゅうのあちこちから、アザラシをたすけたが、どう治療《ちりょう》していいかわからないという連絡《れんらく》がやってきます。電話《でんわ》の指示《しじ》だけでたりないときには、アザラシをセンターに運《はこ》んできたり、その国に出張《しゅっちょう》していって治療《ちりょう》をするということもあります。

一九九一年夏のことです。アニタがレイニーとリースをよびました。

「EC《イーシー》（欧州共同体《おうしゅうきょうどうたい》）から電話《でんわ》よ。ギリシアのアノニソス島《とう》で、モンク・アザラシが重病《じゅうびょう》ですって。手におえそうもないので、きてくれないかっていってているんです。」

いそいで、レイニーが電話《でんわ》をとりました。

EC《イーシー》は、ヨーロッパの経済統合《けいざいとうごう》を目的《もくてき》として発足《ほっそく》した機関《きかん》ですが、最近《さいきん》では、ヨーロッパ全体《ぜんたい》の自然保護活動《しぜんほごかつどう》もおこなっています。回線《かいせん》はEC《イーシー》から、〈モンク・アザラシ研究保護《けんきゅうほご》ギリシア協会《きょうかい》〉にまわりました。レイニーは話しおわると、リースにむかっていいました。

「赤ちゃんアザラシなんだけど、体重《たいじゅう》がどんどんおちているって。原因《げんいん》がわからないらしいの。リース、これは、いってあげなくちゃならないわ。あなたしか、たすけられないわ。」

「まにあうかしら。それにセンターのほうも、ほうっておけないし……。」

「アンディーのことが心配《しんぱい》なのね。でも、もうヤマをこえているし、わたしとアニタがつきそうからだいじょうぶ。」

「じゃ、したくしなくっちゃ。」

リースはかけていきました。そして、すぐにギリシアへむかったのです。

ギリシアのモンク・アザラシは、いまではわずか数百頭《すうひゃくとう》しかのこっていない、パンダなみに貴重《きちょう》な種類《しゅるい》です。

赤ちゃんアザラシが保護《ほご》されたというエーゲ海《かい》の海の上を飛《と》んで、アノニソス島《とう》につくと、

「リース、おひさしぶり。あなたがきてくれてほっとしたわ。」

と、エレン・ファストラがリースをでむかえました。エレンは以前《いぜん》、このギリシア協会《きょうかい》からセンターに勉強《べんきょう》にきていたことがあるのです。

「患者《かんじゃ》さんはどこ？」

緊張《きんちょう》していたリースも、よく知っているエレンがいっしょということで、笑顔《えがお》がでました。

「どんな状態《じょうたい》なの。あんまりひどくてなおせなかったら、センターの評判《ひょうばん》がわるくなるんだぞ、ってビクビクしながら飛行機《ひこうき》に乗《の》ってきたのよ。」

「そう、よくないわ。以前《いぜん》、オランダのセンターで保護《ほご》したポールと症状《しょうじょう》は似《に》ているの。とにかくたべないで、体重《たいじゅう》がへるの。でもポールもなおったんですもの。きっとだいじょうぶ。」

「おお、そうだといいけど。」

ふたりは足ばやに、アザラシの病室《びょうしつ》へむかいました。

リースはここで一週間《しゅうかん》治療《ちりょう》をして、ようやくアザラシの命《いのち》をすくいまし

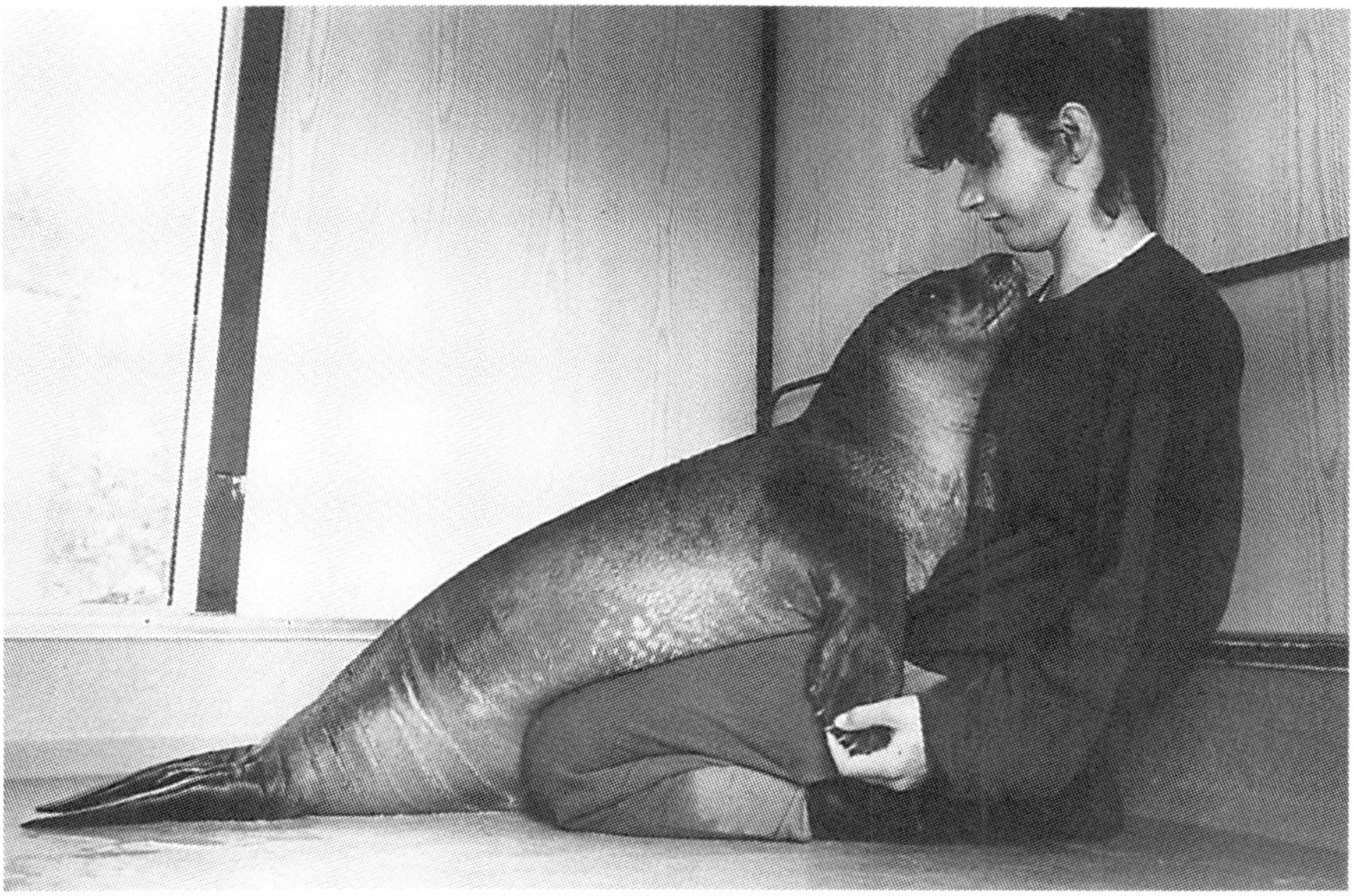

野生《やせい》のアザラシも、なれると、こんなに人なつこくなります。

ギリシアでのモンクアザラシのリリースは、盛大《せいだい》におこなわれました。
撮影／ジョン・デ・ボーア

た。そして、現地《げんち》の人に、アザラシのせわのしかた、病気《びょうき》になったときの治《ち》療《りょう》のしかたをくわしく教えて、かえってきました。

　エレンの看護《かんご》でじょうぶになったモンク・アザラシのリリースには、ギリシアの環境大臣《かんきょうだいじん》も出席《しゅっせき》しました。アザラシはげんきに海にかえっていき、リースはりっぱにつとめをはたして、ギリシアの人びとにセンターについてのいい印象《いんしょう》をのこしたのです。


　その年の秋には、リースはスペイン領《りょう》のセウタ島《とう》に飛《と》びました。スペイン海軍《かいぐん》がマスコットとして飼《か》っているペルソというモンク・アザラシが、目と鼻《はな》の病気《びょうき》にかかってよわっているという連絡《れんらく》がはいり、リースはこんどは、ジョン船長《せんちょう》とともに、でかけたのです。

　ペルソは三百キロもあるおとなのアザラシだったので、睡眠薬《すいみんやく》をつかって、ねむっているあいだに治療《ちりょう》しなければなりませんでした。

えさをやったり、ようすを見るときは、ジョンがかつやくしました。

「ジョンがいてくれたから、なんとかなったんです。アザラシをおさえておとなしくさせる名人《めいじん》ですもの。ジョンは。」

と、リースはいいます。

「できるかぎり、どこへでもいきたいわ。アザラシの病気《びょうき》は治療《ちりょう》すればなると知ってもらいたいのです。わたしはアザラシが大すき。この地球《ちきゅう》からアザラシをなくしてしまいたくないの。世界《せかい》じゅうに海の汚染《おせん》を警告《けいこく》して、アザラシをみんなでまもってもらいたいのです。」

獣医《じゅうい》学校を卒業《そつぎょう》してすぐにセンターにはいってきたリースも、三十六歳《さい》になりました。世界《せかい》じゅうをとびまわらなくてはならないいまの状態《じょうたい》と、センターでの責任《せきにん》を考えると、結婚《けっこん》はむずかしそうです。

「このしごとは、わたしにあたえられた天職《てんしょく》なんですね。センターのアザラシは自分《じぶん》たちの子ども。そう思って、はりきってやっていくわ。」

たくさんの動物《どうぶつ》たちにかこまれてくらすレイニー夫妻《ふさい》。

とリースは、ちょっぴりさみしそうにほほえみました。

レイニーは、いまもセンターのとなりに住《す》んでいます。再婚《さいこん》した夫《おっと》は児童映画《じどうえいが》の監督《かんとく》で、大学生になったピーターと、犬二ひき、ネコ四ひきといっしょにくらしています。庭《にわ》にはガチョウとニワトリがあそび、牛が一頭《とう》、ヤギ、ロバ、ヒツジも飼《か》っています。

ピーターは大学で法律《ほうりつ》をまなんでいますが、休《やす》みの日はかならず、センターのしごとを手つだっています。

「ごらんのように、わたしも家族《かぞく》も、動物《どうぶつ》なしではいられないの。アザラシの病院《びょういん》をはじめたのも、きずついたアザラシを放《ほう》っておけなかったからなんです。海がどんどんよごれていくいまは、こういう病院《びょういん》が必要《ひつよう》だから、わたしたちがんばるわ。でも、ほんとうにめざさなくてはならないのは、病気《びょうき》のアザラシをうみださないきれいな海をとりもどすことなんです。センターがいらなくなるような海をね。」

レイニーは、あたらしいセンターを見ながらいいます。

一九九三年春には、センターは二倍《ばい》の大きさになりました。病院《びょういん》も大きくひろくなり、温度《おんど》と湿度《しつど》を自動調整《じどうちょうせい》する病室《びょうしつ》も完成《かんせい》したのです。あたらしい実験室《じっけんしつ》や、調剤室《ちょうざいしつ》、レントゲンの施設《しせつ》もあります。ボランティアではたらく人びとがとまるへやや休憩室《きゅうけいしつ》も、あたらしくりっぱになりました。

研究《けんきゅう》や教育《きょういく》の施設《しせつ》も、あたらしくつくられました。この予算《よさん》は子どもからお年《とし》よりまで、世界《せかい》じゅうに四万人にまでふえたセンターの後援会《こうえんかい》の寄金《ききん》と、地方政府《ちほうせいふ》からの助成金《じょせいきん》でまかなわれました。新聞《しんぶん》や雑誌《ざっし》でセンターのことを知った日本の子どもたちからおくられた寄付《きふ》もはいっていますし、コピー機《き》をここに寄付《きふ》した日本企業《きぎょう》もあります。

見学《けんがく》の人たちがアザラシのことをひと目でわかるようにつくられたのが、泳《およ》いでいるアザラシを地下《ちか》から、ガラスごしに見られるふたつのプールです。

「とにかくアザラシを見てもらいたいんです。自由《じゆう》に健康《けんこう》に泳《およ》ぐアザラシはとてもうつくしい。そしてふしぎです。見て感動《かんどう》してもらえれば、きっとアザラシをたいせつにしようと思っていただけるわ。それが、わたしたちの地《ち》球《きゅう》をきずつけないという気もちにつながっていくはずよ。」

このレイニーの願《ねが》いは、あたらしいセンターの完成《かんせい》で、一歩一歩《ぽ》確実《かくじつ》に実《じつ》現《げん》していこうとしています。

自然《しぜん》と動物《どうぶつ》を心から愛《あい》しているレイニーが、ルーカスというアザラシをその手にだいたときから、このセンターがはじまりました。

たったひとりの人間《にんげん》の情熱《じょうねつ》が、人びとの考えかたをすこしずつかえ、巨大《きょだい》なセンターをつくりあげたのです。

それまでは、まいごになったり、病気《びょうき》になったりしたアザラシは、死《し》ぬのをまつだけでした。それを保護《ほご》し、健康《けんこう》にして、また海にかえすことができることを、人びとは知りました。

アザラシが病気《びょうき》になるのは、人間《にんげん》がおこした海のよごれのせいであり、それは人間《にんげん》にも危険《きけん》を知らせているということもわかってきました。

レイニーたちの活動《かつどう》は、わたしたちに、自然《しぜん》が破壊《はかい》されるのをなげいているだけでなく、すこしでも自然《しぜん》をとりもどすために行動《こうどう》することのたいせつさをわからせてくれたのです。

アザラシのつぶらな目は、いま、わたしたちがたいせつにしなくてはいけないものはなにかを、教えてくれているのです。

あとがき

平澤《ひらさわ》一郎《いちろう》

まっ黒なつぶらなひとみに、あいきょうのあるハナヒゲ、短《みじか》い前足《まえあし》に、まるまるとふとったずん胴《どう》のからだ……。アザラシは、なんともユーモラスでかわいらしい動物《どうぶつ》です。私《わたし》がオランダのアザラシ研究リハビリセンターにかようようになったのも、このアザラシの愛《あい》らしさにひきつけられたのがきっかけでした。

私《わたし》は以前《いぜん》から、ヨーロッパの水辺《みずべ》の美《うつく》しい風景《ふうけい》や、そこでの人びとや動物たちの暮《く》らしぶりに興味《きょうみ》をもって、この数年、一年に二、三度ずづ訪《たず》ね歩いて、写真をとってきました。この「ヨーロッパ水辺《みずべ》歩き」の旅をかさねるうちに、だんだん目についてきたのが、川や海のよごれでした。とくにこの物語《ものがたり》の舞台《ぶたい》の北海《ほっかい》のよごれは、訪《おとず》れるたびに、年ねんひどくなっていくようでした。そうした気持ちでオランダを旅していたときにめぐりあったのが、このアザラシセンターだったのです。

ここで私ははじめて、アザラシのかわいらしさを知り、また、海のよごれにいためつけられているアザラシたちの苦《くる》しみを、目にしたのです。そして、そこであったレイニー所《しょ》長《ちょう》、リース医師《いし》、ジョン船長《せんちょう》などが全力《ぜんりょく》をつくして、そのアザラシたちを守《まも》ろうとたたかいつづけていることを知りました。その姿《すがた》はたいへん感動的《かんどうてき》でした。

なぜこんなにもいっしょうけんめいになれるのだろう……。そう考えたとき私は、彼《かれ》らに共通《きょうつう》しているのが、子どものころ自然《しぜん》のなかで、のびのびと育《そだ》ったことであるのに気がつきました。彼らにとって、牧場《ぼくじょう》や運河《うんが》、海などの自然《しぜん》は、自分たちの生活に欠《か》くことのできない大切《たいせつ》な一部分であり、その海のなかで生きるアザラシたちは、彼らの親《した》しい仲間《なかま》たちなのです。レイニーたちの活動《かつどう》は、彼らにとっては、「仲間《なかま》をたすける」というあたりまえなことをしているだけなのでした。

アザラシは現在《げんざい》、地球上《ちきゅうじょう》に十九種《しゅ》、約《やく》二千三百万頭《とう》から二千八百万頭いるといわれています。日本の近《ちか》くの海にはゴマフアザラシなど五種類《しゅるい》がすんでおり、北海道東部《ほっかいどうとうぶ》の大黒島《だいこくじま》などにいるゼニガタアザラシは、この本に出てくるコモンアザラシの仲間《なかま》です。

日本のように国じゅうが都市化《としか》された社会《しゃかい》にすむ私たちにとって、自然とのかかわりは年ねんうすれていきます。けれども、この地球《ちきゅう》は、私たち人間だけのものではありません。ほかのたくさんの生き物たちも暮《く》らしているのです。私たちが、自分たちの生活の快適《かいてき》さや便利《べんり》さを追《お》うことに熱中《ねっちゅう》するあまり、このかけがえのない大切《たいせつ》な地球《ちきゅう》をだいなしにすれば、その結果《けっか》が、私たち人間にもおよんでこないと、だれがいいきれるでしょうか。

この本が、この地球の上で、これから長い人生を生きるみなさんの、自分たちの生活の足もとを見つめなおすきっかけとなればさいわいです。

アザラシセンターがよびかけるもの

元・毎日新聞社論説委員　原《はら》　剛《たけし》

フランスの作家、ロベール・メルルの『イルカの日』という作品に、訓練《くんれん》され人間の言葉《ことば》を話せるようになったイルカのイワンとベシーが〝記者会見《きしゃかいけん》〟するところがあります。

記者　あなたは人間が好《す》きですか？
イルカ　ええ、大好きです。
記者　なぜ？
イルカ　彼《かれ》らは善良《ぜんりょう》です。すべすべしています。手があって、いろんなものをつくれます。
記者　あなたも手を持ちたい？
イルカ　ええ、とても。
記者　なにをするために？
イルカ　人間を愛撫《あいぶ》するために。

記者《きしゃ》たちは爆笑《ばくしょう》し、共感《きょうかん》し、やがて大きな拍手《はくしゅ》がわき起こります。（『イルカの日』三輪英彦訳、早川書房）

私《わたし》たち人間が、他《た》の動物たちとそんな楽しい信頼関係《しんらいかんけい》をきずくことができたら、どんなに愉快《ゆかい》なことでしょう。人類《じんるい》のつきせぬ夢《ゆめ》のひとつといってもよいでしょう。

『まいごのアザラシをたすけて！』には、そんな夢《ゆめ》に手がとどきそうな人たちが登場《とうじょう》します。レイニー所長《しょちょう》を中心にジョン船長《せんちょう》、リース医師《いし》、ルーシーとアニタの母娘《ははこ》。そして数多《かずおお》くのボランティアの人びと、もちろんこの本の著者《ちょしゃ》の平沢一郎《ひらさわいちろう》さんも、その仲間《なかま》にちがいありません。

病気《びょうき》をなおしてもらい、海へ帰ることのできたジュニアやバート、エリックが、もし記者会見にのぞんだとしたら、『イルカの日』のイワン、ベシーと同じことを話すことでしょう。

「わたしたちは人間が大好きです。やさしくて、手を持っていて、それで私《わたし》たちのいのちを救《すく》ってくれたのですから」

しかし、新聞記者《しんぶんきしゃ》であるぼくが、その会見《かいけん》の場《ば》にいたとしたら、イルカやアザラシに心からあやまらなくてはならないでしょう。

イワンとベシーは、作品の中で、戦争《せんそう》にまきこまれ、国家《こっか》の命令《めいれい》によって爆弾《ばくだん》を背負《せお》わされて、敵国《てきこく》の潜水艦《せんすいかん》を攻撃《こうげき》するために放《はな》たれます。これはほとんど実話《じつわ》なのです。

第《だい》二次《じ》世界大戦中《せかいたいせんちゅう》、イルカの習性《しゅうせい》を利用《りよう》して、本当にこのようなことがおこなわれていました。背負《せお》った爆弾《ばくだん》が爆発《ばくはつ》して、いのちをおとしたイルカがたくさんいたのです。人間はこのように、自分たちの利益《りえき》のために、動物たちをぎせいにしてきました。

アザラシたちが、重い病気にかかるようになったのも、この本にあるように、人間が海をよごし、アザラシのえさの魚をとりすぎたせいです。

残念《ざんねん》ながら人間は、善良《ぜんりょう》なだけではないし、せっかくその持ちあわせている手で、人間をふくむいろんな生物《せいぶつ》のいのちをはぐくんでいる自然環境《しぜんかんきょう》に、よくないことを、今もしつづけているのです。

陸《りく》から海へ、生物《せいぶつ》に害《がい》をあたえる物資《ぶっしつ》が、たえまなく流しこまれています。工場の排水《はいすい》や都市の下水《げすい》、農薬《のうやく》・肥料《ひりょう》などが直接《ちょくせつ》に海水《かいすい》をよごしているほかに、工場からの排煙《はいえん》や森林《しんりん》を焼《や》き払《はら》った煙《けむり》も、いったん大気《たいき》をよごしてから、雨や雲にとりこまれて海へ降《ふ》ってくるのです。

人類はゆたかないのちの住み家である海を、まるでゴミ捨《す》て場《ば》のようにあつかい、自然環境《しぜんかんきょう》をよごしつづけてきたのです。

たとえば、『まいごのアザラシをたすけて!』の舞台《ぶたい》である北海沿岸《ほっかいえんがん》の八か国から、アザラシの大量死《たいりょうし》が起きた一九八九年の一年間に、北海へ捨《す》てられた生物に有害《ゆうがい》な物質《ぶっしつ》の量は、亜鉛《あえん》二八〇〇〇トン、鉛一二〇〇〇トン、ヒ素《そ》九五トン、カドミウム三三五トン、水銀《すいぎん》七五トン、これに都市からの生活排水《はいすい》が加わって、一年間に一億《おく》トンに達したとみられています。

リース医師は警告《けいこく》しています。

「死んだアザラシを調《しら》べると、からだのなかから、水銀《すいぎん》やカドミウムなどの金属《きんぞく》や、BHC《ビーエッチシー》やDDT《ディディティ》などの農薬《のうやく》、PCB《ピーシービー》やダイオキシンなどの有害物質《ゆうがいぶっしつ》まででてきたんです。有害物質《ゆうがいぶっしつ》のせいで抵抗力《ていこうりょく》がよわっていたから、よけいウィルスにまけてしまったの。大量死《たいりょうし》の直接《ちょくせつ》の原因《げいいん》はウィルスかもしれないけれど、ほんとうの原因《げいいん》は海の汚染《おせん》だわ。みんなが自分《じぶん》の利益《りえき》だけにむちゅうになって、農薬《のうやく》や工場《こうじょう》の廃水《はいすい》をたれながしにしたせいよ。」

日本で発生《はっせい》した公害病《こうがいびょう》、有機水銀中毒症《ゆうきすいぎんちゅうどくしょう》の水俣病《みなまたびょう》や、カドミウムが原因《げんいん》のイタイイタイ病は、いずれも工場排水《はいすい》にふくまれていた水銀、カドミウムをためこんだ魚を人間が食べたため起こったものです。

ですから、アザラシの大量死は、この本に描《えが》かれているように、同じ魚を食べている人間に対《たい》する危険信号《きけんしんごう》にほかなりません。

陸上だけではありません。海上ではタンカーの大事故《だいじこ》のたびに海鳥《うみどり》やアザラシがまっ先に原油《げんゆ》汚染《おせん》の犠牲《ぎせい》になります。一九九三年一月五日、シケの北海《ほっかい》へ向けて航海《こうかい》していたタンカー「プレイア」が、英国《えいこく》のシェットランド諸島《しょとう》で坐礁《ざしょう》しました。荒海《あらうみ》にもて遊ばれ、手のほどこしようもなく、八万トン近い原油《げんゆ》が流れ出ていった事故《じこ》の光景《こうけい》を、みなさんはおぼえているでしょう。

便利《べんり》で豊かな産業文明《さんぎょうぶんめい》の陰《かげ》で、自然は悲鳴《ひめい》をあげているのです。

また最近《さいきん》、旧《きゅう》ソビエト・ロシアが、古くなった原子力潜水艦《げんしりょくせんすいかん》の原子炉《ろ》や、その核廃棄物《かくはいきぶつ》を大量《たいりょう》に海へ投げ捨《す》てていたことがあきらかになりました。

日本列島《れっとう》に近いカムチャツカ沖《おき》の太平洋《たいへいよう》と日本海へも、大量《たいりょう》の放射性廃棄物《ほうしゃせいはいきぶつ》をおよそ三十年間にわたり捨てつづけてきたということで、今後《こんご》の影響《えいきょう》が心配《しんぱい》されています。

さらに、私《わたし》たちの暮《く》らしそのものも、海をよごす原因《げんいん》になっています。

捨《す》てられた、おわん一杯分《ぱいぶん》・二〇〇ミリリットルのみそ汁《しる》を、魚が住めるBOD《ビーオーディー》五にまで清《きよ》めるには、ふろおけ四・七杯《はい》分の水が、また五〇〇ミリリットルのてんぷら油《あぶら》を清めるには、三百三十杯分《ぱいぶん》の水を必要《ひつよう》とします。（BODは、生物化学酸素要求量《せいぶつかがくさんそようきゅうりょう》。バクテリアが、水中の有機物《ゆうきぶつ》質《しつ》を酸化《さんか》するのに必要《ひつよう》な酸素《さんそ》の量《りょう》で、水のよごれをはかる指標《しひょう》の一つ。ふろおけは、三〇〇リットルのものとして計算《けいさん》。）

水をきれいにして、私《わたし》たち自身《じしん》と生き物の健康《けんこう》を守るためには、私たちひとりひとりの、日ごろの暮《く》らしの場《ば》での責任《せきにん》あるふるまいが求《もと》められているのです。

北海《ほっかい》のアザラシを大量死《たいりょうし》に追いやった原因《げんいん》は、海の汚染《おせん》だけではありません。人間の過度《かど》の漁業《ぎょぎょう》によってえさのニシンをうばわれたカナダやグリーンランドのアザラシが北海《ほっかい》へ移動し、彼《かれ》らがもちこんだウィルスに抗体《こうたい》のできていない北海やバルト海のアザラシたちを死に追いやったのです。

人間による魚《さかな》の獲《と》りすぎという自然破壊《しぜんはかい》が、アザラシの大量死《たいりょうし》という結果《けっか》を生んだのです。

一九八七年に世界じゅうで九五九四万トン魚が獲《と》られましたが、国連食料農業機関《こくれんしょくりょうのうぎょうきかん》(FAO《エフエイオー》)が世界の二八〇か所の漁場《ぎょじょう》を調べたところ、乱獲《らんかく》されたり、乱獲《らんかく》されて魚がまったくいなくなってしまったところが四十二か所《しょ》もあったそうです。

日本は世界一の水産物《すいさんぶつ》と原油《げんゆ》の輸入国《ゆにゅうこく》であり、世界でも一、二の工業先進国《せんしんこく》です。アザラシの海でおこりつつある異変《いへん》と、私たち日本人の暮《く》らしとは、けっして無関係《むかんけい》ではないのです。

この本で鮮《あざ》やかに紹介《しょうかい》された、オランダのピーターブレーン「アザラシ研究《けんきゅう》リハビリテーションセンター」の光景《こうけい》を心にとめ、私たちも地球の環境《かんきょう》に、なるべく害《がい》をおよぼさない暮《く》らし方を考え、行動《こうどう》してみようではありませんか。

アザラシ研究リハビリセンター（現・ピーテルブレーンアザラシセンター）の連絡先は、左のとおりです。

Lenie 't Hart／Stichting Zeehondencrèche,
Hoofdstraat 94a, 9968 AG Pieterburen Holland

まいごのアザラシをたすけて!

—よごれた海とたたかうアザラシ病院の人びと—

2025年2月28日　初版発行

著　者　平澤 一郎
発行者　岩本 利明
発行所　株式会社復刊ドットコム
〒141-8204　東京都品川区上大崎3-1-1 目黒セントラルスクエア
電話 03-6776-7890（代）
https://www.fukkan.com

印刷・製本　中央精版印刷株式会社
本文DTP　株式会社オフィスアスク

出版協力　株式会社偕成社

復刻版装丁　浅井美穂子（株式会社オフィスアスク）

Printed in Japan
ISBN978-4-8354-5940-0　C8095

＊本書は、『まいごのアザラシをたすけて！ーよごれた海とたたかうアザラシ病院の人びとー』（1994年1月 偕成社・刊）を底本とし、内容の一部に修正、増補のうえ、新たな装丁にて刊行するものです。
＊収録した文章や写真は初版発行当時のもので、現在の事実と異なる記述・情報もありますが、明らかな間違いを除き、そのまま掲載してあります。